*caminha
que a vida
te encontra*

Ana Tereza Camasmie

Catanduva, SP • 2025

caminha que a vida te encontra

reflexões espirituais para autodesenvolvimento

dedicatória

Dedico este livro
a todos aqueles
que já estão cansados
de andar em círculos
e querem dar o passo
seguinte no caminho do
autodesenvolvimento
espiritual.

agradecimentos

Ao médium *Divaldo Pereira Franco pela franca* conversa na Mansão do Caminho em Salvador, na Bahia, que me deu incentivo e força para que este livro ficasse pronto.

Aos companheiros de atividades espirituais cheias de amor e seriedade do Centro Espírita Tarefeiros do Bem, no Rio de Janeiro, que me auxiliam a construir e a exercitar meus conhecimentos em nossos estudos em grupo.

Aos meus pais, por terem me oferecido um caminho espiritual desde sempre, que se tornou o melhor recurso que pude ter nos momentos desafiantes da minha vida.

À minha família querida: irmãos, marido, filhos e netos, que me presenteiam diariamente com a oportunidade de amar e conviver na singularidade de cada um. A torcida de vocês por tudo que faço me traz muita alegria. Obrigada por isso.

Aos meus clientes e alunos, que me permitem aprender tantas coisas ao compartilharem suas experiências comigo. Muito do que escrevi me ocorreu a partir do que pude observar em cada um de vocês.

Aos meus parceiros de trabalho, encarnados e desencarnados, gratidão pela paciência com meu jeito de ser. No final, com vocês, tudo sempre vale a pena.

sumário

P
prefácio
16

I
introdução
**caminha que a
vida te encontra**
20

1
capítulo 1
é preciso despertar
26

2
capítulo 2
**as dores da alma
e o sofrimento**
34

3
capítulo 3
a travessia do luto
58

4
capítulo 4
**aprendendo a
cuidar de si mesmo**
96

5

capítulo 5
**as necessárias
desilusões**
126

6

capítulo 6
**as faces invisíveis
da violência**
136

7

capítulo 7
**movimentos
de crescimento
e o medo**
156

8

capítulo 8
**sustentando
o crescimento**
174

9

capítulo 9
**a conquista do
amor por si mesmo**
190

10

capítulo 10
tempo de silenciar
214

C

conclusão
236

prefácio

A *sociedade ocidental vem experimentando,* na atualidade, um dos seus períodos mais dolorosos, se não o pior...

Marcada por uma realidade em que a fé foi abandonada – na expectativa de fugir dos equívocos das práticas religiosas do passado –, a criatura humana viu-se lançada ao mar das incertezas, dando origem a dois séculos sombrios, nas garras da descrença.

Na sociedade sem Deus, cresce o medo, e a insegurança se agiganta, a intemperança gargalha enquanto a perversidade assume o controle do móvel das ações, gerando um sem-número de dores e um exército de aflitos.

Perdido na aridez de uma vida em que não vê sentido, o indivíduo vagueia por entre os escombros de si mesmo, tentando, em vão, encontrar, na visão materialista, as respostas que procura para as múltiplas dores que lhe atravessam o peito, valendo-se de mil máscaras de cera que se derretem ao simples calor da convivência.

É preciso reencontrar o *caminho* do qual nos perdemos, tal como o filho pródigo da parábola, que tentou encontrar a felicidade longe da casa do Pai.

Reunindo cinco fatores singulares – a robusta formação acadêmica; a riquíssima experiência de consultório terapêutico; o domínio dos princípios da doutrina espírita; a inenarrável experiência pessoal do luto; e uma sensibilidade ímpar para compreender a alma humana –, Ana Tereza reúne neste livro um roteiro extraordinário para a retomada da caminhada esquecida.

Como quem nos encontrasse perdidos por entre as areias do deserto de nós mesmos, ela nos toma pela mão e nos conduz pelas diversas paragens do nosso Eu, visitando as nossas dores mas nos oferecendo o roteiro para a chegada nos diversos oásis ainda desconhecidos e que residem dentro nós.

Com extremado zelo e delicadeza nas palavras, faz com que contemplemos a realidade muitas vezes negada, nos convidando a olhar as águas que correm no poço de pedra profundo de nossas almas, onde antes só víamos areia.

De posse de um grande conhecimento teórico, é como se nos abrisse o mapa que pode nos oferecer o entendimento claro de onde nos encontramos, com seus diagramas e desenhos que investigam as nossas dores e revelam sentimentos que nem mesmo sabíamos expressar.

Iluminando o texto fácil com diversas citações e reflexões espíritas, descerra um horizonte novo, restaurando o fio de Ariadne, rompido pela falta da fé, e oferece um propósito maior ao nos trazer a compreensão de nossa realidade espiritual e a transcendência do sentido de todas as coisas. O conhecimento espírita comparece aqui como a bússola da alma, depositada sobre o mapa, conferindo-lhe a capacidade plena de podermos usá-lo com acerto.

E, assim, sentando conosco à sombra das palmeiras, nos encoraja, contando sua própria história, suas lágrimas, suas dores e a forma como tratou e trata os seus próprios desafios.

Este é o roteiro que temos em mãos: uma proposta para retornarmos aos campos verdejantes de luta, pois, com os recursos aqui disponíveis, podemos recobrar o ânimo para a necessária jornada rumo à realização pessoal, abandonando o deserto de afeto para não mais estacionar, mas prosseguir, ouvindo o convite: "Caminha que a vida te encontra".

Jorge Alberto Elarrat do Canto

É preciso reencontrar o caminho do qual nos perdemos.

Como quem nos encontrasse perdidos por entre as areias do deserto de nós mesmos, a autora nos toma pela mão e nos conduz pelas diversas paragens do nosso Eu.

Com os recursos aqui disponíveis, podemos recobrar o ânimo para a necessária jornada rumo à realização pessoal, abandonando o deserto de afeto para não mais estacionar, mas prosseguir, ouvindo o convite: "Caminha que a vida te encontra".

introdução
caminha que a vida te encontra

*á que se olhar para o caminho de onde vie-*mos para compreendermos onde estamos e para onde vamos. As direções futuras da vida guardam intensa conexão com nosso passado, onde moram nossas raízes. Sem essas reflexões sobre nossa rota, podemos nos afastar, sem perceber, da nossa real destinação e enfraquecer a ligação com o viver quando os desafios chegam. Cada passo para a frente se sustenta no passo anterior, e é a fortaleza conquistada até então que nos dá a energia necessária para continuarmos.

Quando estamos distraídos e deixamos de perceber que vivemos nesse fluxo temporal, podemos, de repente, olhar para a nossa vida e nos sentirmos totalmente alheios a ela, como se ela não nos representasse de jeito algum, como se vivêssemos a vida de outro e não a nossa. É que pertence a cada um o direito de decidir a direção da própria vida; porém, não somos tão livres assim a ponto de conseguir fazer escolhas a nosso favor e que nos façam felizes. Por isso, é necessário fazer vários ajustes, várias afinações com o fluxo do viver, enquanto estamos aqui no mundo. Somos guiados por forças internas que nos são desconhecidas, por contextos poderosos, carências profundas, medos específicos e outros, nem localizáveis. Por isso, fazer escolhas conscientes, de modo presente, com o olhar no futuro, é uma construção lenta e gradual.

Então, podemos emergir, de tempos em tempos, de nossas histórias de vida e, tal qual um espectador, lançar um olhar compreensivo sobre os passos que nossa vontade deu até ali e contar sobre quem somos, sem pretensão finalística. De olho no percurso feito, nossas escolhas ganham profundidade e afastam qualquer julgamento acusador a respeito dos desvios súbitos de que talvez ainda tenhamos algum ressentimento. Contudo, a visão ampla acolhe tudo o que nos aconteceu como rota de aprendizado. Nenhum de nós anda em linha reta o tempo todo, até porque isso nem é humano, mas, principalmente, não é a obsessão pela perfeição que nos isenta do sofrimento, e nem é esse o objetivo do nosso viver. Sermos inteiros, sem esquecer pedaço nenhum de nós mesmos, e abraçar nossa humanidade rica de sombra e de luz é o que se configura como a sagrada tarefa de viver plenamente.

Este livro marca a minha volta à estrada da escrita[1] depois de sete anos de buscas curativas na travessia do luto pelo falecimento do meu filho. Não tenho dúvidas de que a cura acontece *junto a muitos* e *por meio da cura de muitos*... Curar-se é um despertar para viver. Volto a escrever para atender a um apelo do meu coração: auxiliar o despertar daqueles que não sabem que dormem. Tenho o coração inquieto diante daqueles que sofrem sem desconfiar que seu sono promove a distância de si mesmo e da vida, o que gera tanto sofrimento.

Há situações na caminhada que nos fazem recolher os passos e desconfiar do viver a ponto de só o enxergarmos como perigoso. São os traumas, as experiências traumáticas, que rompem o sentido que havíamos tecido com tanta confiança com o viver. Valia a pena, era esperançoso viver; havia futuro, chance, oportunidade. Ser traído pela vida é algo que nos retira completamente da estrada. Ficamos à margem, à espreita, sem lugar para estar. A dor não descansa, o coração não sossega. O sentido de alerta se torna frequente, e a vigilância se traduz em insônias, em preocupação constante com a segurança. Aparece, às vezes, uma vontade de não viver mais; em outros momentos, surgem impulsos para que nos envolvamos de novo com a vida. Oscilações

---

1. Em 2017, publiquei o livro *Palavras para a alma* de modo independente. Em 2019, ele foi editado e passou a ser distribuído pela editora Infinda, de Catanduva, SP.

frequentes passam a fazer parte de nós em todos os níveis. Há que se permitir não ter que ser constante nem corresponder a expectativas alheias, porque há um lento movimento oculto acontecendo lá nas raízes de nossas almas. E um broto de esperança cresce no seu tempo... Pequenas notícias do mundo passam a nos interessar e nos sentimos convidados a sair das defesas imensas. E, se aceitamos esse convite, nossa alma desperta para algo além de nosso sofrimento. Inicia-se, assim, o que chamamos de sentido do sofrimento. É quando finalmente conseguimos integrar toda a dor sentida na nossa história de vida. "Este que sofre também sou eu, mas não me representa por inteiro. Mas eu, ao atravessar essa dor tão intensa, já não sou mais o mesmo. O que eu fiz de mim? Quem eu me tornei depois dessa travessia?"

É para contar sobre minhas descobertas nessa travessia que escrevo. Não escrevo para os céticos, para os distraídos, fanáticos ou irônicos; não escrevo aos que já desistiram. Falta-me paciência para ficar junto daqueles que se consideram autossuficientes em suas verdades imediatas. Esses ainda precisam de mais tempo junto da dor para romperem com tantas defesas e muros construídos diante de suas dificuldades. Escrevo para aqueles que já os romperam: os insistentes, os buscadores, os sedentos, os que se perguntam como podem se mover, os que se machucam e sofrem por darem voltas em círculos. Para os que se incomodam, os que gritam e choram, os que andam mas não sabem para onde vão e nem onde querem chegar. Esses encontram-se abertos, sangram, mas estão interessados em fechar feridas, e não se comprazem em tirar as cascas das feridas para se manterem vítimas de si mesmos, à espera de um salvador. Mostram-se ávidos de entendimento e não se envergonham por se encontrarem com suas partes sombrias. Tenho admiração por esses corajosos peregrinos, que guardam uma fé viva na possibilidade do reencontro consigo. A eles me rendo e digo: "Vamos juntos?" Só é possível ver o sol por trás das nuvens se suspendermos nosso olhar para além das nossas curtas visões... E o calor, poderemos senti-lo se continuarmos nossas andanças.

É preciso caminhar... É assim que a vida nos encontra.

Ana Tereza Camasmie

Há que se olhar para o caminho de onde viemos para compreendermos onde estamos e para onde vamos. As direções futuras da vida guardam intensa conexão com nosso passado, onde moram nossas raízes. Cada passo para a frente se sustenta no passo anterior, e é a fortaleza conquistada até então que nos dá a energia necessária para continuarmos.

Aos que despertaram, a estes me rendo e digo: é preciso caminhar... é assim que a vida nos encontra. Vamos juntos?

capítulo 1
é preciso despertar

*Certa vez, ouvi um professor explicar a dife-*rença entre ser andarilho e ser peregrino, o que me fez pensar sobre como eu me sentia na estrada da vida. Ambos andam muito e machucam muito os pés na caminhada. Ambos conquistam muitos aprendizados e têm diversas histórias registradas. Porém, o andarilho não escolhe um lugar determinado ao qual quer chegar; ele apenas anda sem parar e está sempre partindo, pois tem muito o que andar. Já o peregrino, não. Este escolhe um lugar ao qual quer chegar, e, durante toda a sua caminhada, ele se mantém atento a si mesmo, no sentido de descobrir quem ele se torna por meio do caminhar. O peregrino busca o essencial em tudo, já que sua mochila não pode pesar nem seu coração pode continuar carregando sombras do passado. É uma leveza conquistada conscientemente, para que suas forças sejam úteis ao presente. Seus pés doloridos, a sede, o cansaço, a fome e a solidão fazem parte da sua jornada e até valem a pena, porque, depois de tudo isso, ele conquista a si mesmo.

Em um sentido espiritual, somos todos peregrinos: caminhantes em processo de transformação pessoal e em busca de nós mesmos. Mas, também, podemos andar pela vida como os andarilhos: distraídos, sem clareza do lugar ao qual queremos chegar. Podemos estar na vida querendo partir, sem nos entregarmos ao presente, desatentos ao que estamos levando em nossas mochilas.

Há dores da alma que fazem parte mesmo da vida de quem caminha, pois não existe um peregrino que não tenha chegado ao seu destino sem os pés machucados. Para nos curarmos, temos o *acolhimento* como recurso primeiro, e precisa chegar o mais rápido possível quando estivermos mergulhados no sofrimento. Podemos fazer o acolhimento por nós mesmos por meio de um pequeno recolhimento, em que respiramos e nos perguntamos como estamos nos sentindo a fim de identificar o que precisamos no momento. E, assim que nos for possível, devemos atender a essa necessidade. Pode até ser que procurar alguém para nos ouvir seja um dos movimentos adequados nesse instante.

Outros sofrimentos resultam de nossas complicações, de nossas imaturidades morais, por ignorância de quem somos e de nossos recursos, mas, principalmente, do esquecimento de que somos seres espirituais. Para lidar com esses sofrimentos, dos quais podemos nos libertar por meio do autoconhecimento, temos o *despertar* como ferramenta indispensável. Despertar para nossa essência espiritual e tomar consciência de que atravessamos uma vida corpórea finita com objetivos claros de aperfeiçoamento. Além disso, precisamos aproveitar todas as chances de crescer a fim de não nos demorarmos mais nos sofrimentos inúteis que atrasam nossa viagem. Nosso destino é luminoso, e se as trevas ainda nos alcançam é porque encontram ressonância em nossos corações; é porque ainda nos interessamos por aquilo que nos desvia do rumo certo, mais do que podemos imaginar. Somos completamente seduzidos por interesses mesquinhos; privilégios de toda sorte; por querermos nos dar bem à custa dos outros, ou sem querer olhar os outros, por sermos apaixonados pela autossuficiência ou pela vitimização que nos aprisiona em relacionamentos afetivos dependentes. Ainda escolhemos a violência como método diante daquilo que nos faz sentir impotentes para mudar. Ainda achamos que o poder, o dinheiro, as posses, os títulos, o sexo a qualquer custo e a força física são o caminho da felicidade... Quantas ilusões, quanto sono, quanta distração. Precisamos de reflexões que nos despertem do sono profundo que a vida material promove.

Emmanuel ressalta a necessidade desse tipo de reflexão:

> A criatura necessita indagar de si mesma o que faz, o que deseja, a que propósitos atende e a que finalidades se destina. Faz-se indispensável examinar-se, emergir da animalidade e erguer-se para senhorear o próprio caminho.[2]

---

2. Emmanuel [Espírito], Francisco C. Xavier. *Pão nosso.* 30. ed. Brasília: FEB, 2022. [cap. 68, p. 154]

Temos um longo caminho pela frente até compreendermos a importância do silêncio, do hábito da oração meditativa, da reflexão que antecede a ação, da tomada de decisões conectadas com o propósito delas e da atenção aos seus desdobramentos, e da tomada de consciência de que qualquer transformação pessoal só acontece na convivência e, consequentemente, na mudança do modo como nos relacionamos com as pessoas.

Há um longo caminho pelo qual teremos de suportar a renúncia ao prazer do imediato e privilegiar a conquista de longo prazo, que nos pede cuidado diário e investimento paciente.

Então, nosso sofrimento está na medida do grau de consciência dessas coisas, que compromete diretamente nosso âmbito da liberdade de ser. Nossa semeadura não se dá do modo mais livre que poderíamos porque estamos completamente anestesiados, bloqueados por valores que não são os nossos, valores que tomamos como verdades que dirigem nossas ações. Exemplos disso são os relacionamentos afetivos lesivos e tóxicos a que nos submetemos por medo da solidão e do abandono. Estabelecemos metas financeiras e profissionais focando a segurança, o que nos retira a possibilidade de realização pessoal que precisa romper fronteiras seguras para acontecer.

Na verdade, tudo o que nossa alma mais precisa é de amor. E é nesse lugar carenciado que todos nos encontramos e estamos frequentemente deslizando para escolhas difíceis na intenção de nos saciarmos. Como não reconhecemos a fome de amor, achamos que é fome de comida, de dinheiro, de coisas, de pessoas, de teorias, de lugares, de sexo, de sono... Enfim. E pelos desvios de saciedade da fome de amor, da fome de sentido, convidamos inúmeros sentimentos difíceis para nos acompanhar, como a inveja, o ódio, o ciúme, a ira, o medo e a vergonha, na ânsia de nos sentirmos preenchidos.

Viver sob esse ângulo de visão é escolher uma vida muito precária de sentido e de alegria, porque quem dita esse caminho é o medo e não a confiança. É preciso acordar! Não é possível que não consigamos desconfiar que esse caminho materialista já se esgotou. Por que ainda insistimos nele, como se algo externo pudesse magicamente e espontaneamente mudar?

O espiritismo nos convida a um lugar diferente: a uma abertura de olhar para nossas vidas. É uma proposta amorosa, porque ele retoma os valores do cristianismo, que é um caminho de amor. Então, a maneira como o espiritismo olha para as aflições humanas começa na forma de olhar compassiva que Jesus trouxe para todos nós.

Não há um só momento nas curas realizadas por Jesus em que ele não tenha se dedicado a convidar os sofridos a despertar para a vida espiritual e, em seguida, a levantar os olhos para além do pequeno horizonte existencial deles. E, a partir do despertar, da nova vida que se abria, Ele oferecia um incentivo para a pessoa se *levantar* das suas paixões a fim de não voltar aos mesmos caminhos. Jesus nos convida a uma mudança de direção, a termos coragem de nos levantar dos caminhos que nos adoecem e que nos mantêm nos mesmos lugares de sofrimento.

Retomamos aqui Paulo de Tarso, quando diz: "Desperta, ó tu que dormes, levanta-te dentre os mortos e o Cristo te esclarecerá."[3]

Para que possamos nos esclarecer, é preciso despertar e levantar; são dois movimentos sequenciais necessários para sairmos da escuridão, da sombra, da ignorância, do sofrimento, da dor e da falta de direção. O despertar pede o levantar; significa que é necessária uma ação como expressão do encontro com a verdade. E essa verdade é consequência imediata e natural da ação, e, ao mesmo tempo, antídoto, vacina para não retornarmos aos mesmos caminhos. Na cura do cego de Betsaida, logo após o homem voltar a enxergar – o que se deu em dois níveis: de precisão e de profundidade –, Jesus diz a ele que não retorne à aldeia na qual ele adoeceu. Então,

---

3. *Efésios*, 5:14. *O novo testamento*. Trad. João Ferreira de Almeida. 78. ed. São Paulo: SBB, 2008.

após o despertar, Paulo de Tarso nos orienta a nos levantarmos dos mortos, fazer movimentos diferentes e não voltar aos mesmos caminhos.

Como peregrinos que somos, Espíritos despertos, que possamos nos acolher nos momentos dos pés doloridos, mas que, em seguida, possamos nos levantar e seguir, pois ainda há muito o que caminhar.

O andarilho não escolhe um lugar determinado ao qual quer chegar; ele apenas anda sem parar e está sempre partindo, pois tem muito o que andar. Já o peregrino, não. Este escolhe um lugar ao qual quer chegar, e, durante toda a sua caminhada, ele se mantém atento a si mesmo, no sentido de descobrir quem ele se torna por meio do caminhar.

Como peregrinos que somos, Espíritos despertos, que possamos nos acolher nos momentos dos pés doloridos, mas que, em seguida, possamos nos levantar e seguir, pois ainda há muito o que caminhar.

capítulo 2
as dores da alma e o sofrimento

"Dores leves exprimem-se; as grandes, calam-se."
SENECA

A *vida dói... Às vezes, dói pouco; às vezes, mui-*to. E pensamos: "Será que há um jeito de parar de sentir dor? Será que virá um dia em que a vida já não vai mais doer?" Muitas vezes, ficamos na vida procurando segurança, em uma tentativa de doer menos: emprego seguro, casamento seguro, casa segura etc., e, quando conseguimos todo tipo de segurança material, a vida continua doendo. A pergunta que fica é: Por que será que a vida ainda está doendo desse jeito?

É que o objetivo da vida não é alcançar segurança para vivermos no controle de tudo. Além disso, fabricamos ansiedades desnecessárias nessa posição. E mais: não é isso que faz a dor cessar.

Há, no entanto, algumas coisas importantes sobre a dor que quero compartilhar com você. Nada definitivo, são reflexões. É que ser habitante temporário neste mundo implica sentir dor existencial pelo nível de amadurecimento espiritual em que nos encontramos. Nesse mundo há injustiça, violência e as mais variadas formas de egoísmo e de orgulho a se manifestar. Aqui é um mundo em que acontece isso mesmo! Não há nada de errado conosco por nos sentirmos tristes, indignados ou com um mal-estar inespecífico. É o termômetro da alma percebendo a temperatura de onde e do como estamos vivendo. Concordar que nosso mundo é assim e que só a partir da consciência de como estamos é que transformações são possíveis torna-se o primeiro e o mais difícil passo que precisamos dar.

Para quem ainda não conseguiu concordar com o mundo como ele é, há pelo menos duas opções extremas para estar no mundo: viver desesperadamente ou viver anestesiado. Ambos são modos de evitação da realidade.

Na vida desesperada há um excesso de tudo, pouca reflexão e muita ação. A ocupação do tempo ganha enorme presença e não é possível parar de agir. Para quem escolhe viver assim, qualquer atividade meditativa, reflexiva ou até orações tornam-se algo insuportável, porque parar de agir traz desconforto emocional e físico. Como uma espécie de vício, o corpo vive da constante adrenalina, o que faz com que, muitas vezes, seja necessário tomar medicamentos para dormir. Pessoas que vivem assim não podem desfrutar do presente nem descansar, e muito menos se entregar afetivamente a algo ou a alguém; sentem uma grande dificuldade em construir espaço interno para a fé raciocinada. É por isso que dão preferência para práticas religiosas que tenham a mesma característica de máxima ação, o que se traduz em pouca conexão sagrada consigo e com Deus.

No outro extremo, há o modo de viver anestesiado para poder suportar viver; é como um modo de vida lento. Há procrastinação e uma busca de muitas compensações para aguentar a vida dura. Pessoas que vivem assim podem ser pessimistas e sentir pouca animação diante de boas notícias, pois é melhor não se empolgar muito para que, quando tudo mudar, a frustração seja pequena. Pode até ser que viver assim doa menos, mas acontece que a vida não é feita só de dor. Ela também é feita das delícias. Então, se nos fecharmos para dor, estaremos nos fechando também para a felicidade, para a alegria. Será que queremos ser privados da alegria de ver um filho nascer, falar, andar, chamar a mamãe, o papai? Será que não queremos viver a surpresa de um grande amor? Será que queremos ficar indiferentes ao entusiasmo que podemos sentir diante de uma conquista de ordem moral ou até material? Será que queremos mesmo uma vida assim? Controlar a vida em vez de vivê-la faz com que fiquemos apáticos, inertes, "mornos" para o que nos acontece. Como consequência dessa escolha, sentimos falta de gosto no viver... Vida controlada é vida tediosa. Com o tempo, de tanto ficar sem graça, vai faltando sentido para continuarmos vivendo.

Na mesma direção, temos a palavra de Léon Denis:

Tudo o que vive neste mundo, natureza, animal, homem, sofre [...] A dor e o prazer são duas formas extremas da sensação. Para suprimir uma ou outra seria preciso suprimir a sensibilidade. São, pois, inseparáveis em princípio e ambos necessários à educação do ser [...][4]

Em outras palavras, não tem jeito: a vida dói... dói para todos, independentemente das condições financeiras, das seguranças materiais, dos projetos. Em algum momento ela vai doer. Dói até quando escolhemos não querer sentir, porque retrair-se também dói. Custa caro ao nosso coração utilizar a energia do viver para nos conter, tanto quanto vivermos desesperados para não lidar com a vida exatamente como ela é.

Se sentir dor faz parte do viver, o que podemos diante dela?

Há um versículo precioso na carta de Paulo de Tarso aos coríntios[5] em que ele se utiliza de quatro termos importantes para descrever como podemos nos sentir diante do inevitável no viver: ele diz que podemos nos sentir atribulados, mas não angustiados; perplexos, mas não desanimados; perseguidos, mas não desamparados; e até abatidos, mas não destruídos.

---

4.   Léon Denis. *O problema do ser, do destino e da dor*. 32. ed. Brasília: FEB, 2017. [cap. XXVI, p. 348]

5.   *II Coríntios, 4:8. O novo testamento*. Trad. João Ferreira de Almeida. 78. ed. São Paulo: SBB, 2008.

Não sei exatamente por que Paulo de Tarso elegeu esses quatro estados; talvez indiquem o que ele vivia na época da escritura das cartas (Paulo de Tarso era frequentemente perseguido, e escreveu as cartas enquanto esteve preso). Para além de seus motivos pessoais, podemos considerar estes quatro termos abrangentes ao que experimentamos diante das adversidades da vida: a atribulação, a perplexidade, a perseguição e o abatimento. Porém, no mesmo versículo, ele escreve que não precisamos agravar esses estados, o que fica explícito nesses quatro outros verbetes citados: angustiados, desanimados, desamparados e destruídos.

Podemos inferir, então, que Paulo de Tarso dividiu nossa experiência em dois grupos:[6] um de estados correspondentes à realidade do viver e o outro, de expressões do excedê-los emocionalmente. O segundo grupo é composto de estados da alma dos quais podemos nos aproximar ou nos afastar, ou seja: temos algum grau de liberdade, mesmo que pequeno, diante das dores que nos são próprias.

---

6. Emmanuel também diferencia a experiência da dor humana em dois grupos: dor-realidade e dor-ilusão. O primeiro grupo refere-se às dores do Espírito e o segundo, às dores de ordem física. (Emmanuel [Espírito], Francisco C. Xavier. *O consolador*. 29. ed. Brasília: FEB, 2019. [item 239]).

É natural que sintamos dor, assim como uma criança sente dor quando está aprendendo a andar e se machuca. Essa é a nossa dor de sermos humanos, sensíveis ao mundo que nos cerca. O segundo grupo significa sofrimento, quer dizer, o modo como experienciamos a dor. Então, cuidado para não repetir uma frase conhecida, mas que carece de reflexão: a dor é inevitável, mas o sofrimento é opcional. Essa frase parece ter um tom de pouca caridade, porque quando sofremos, mesmo em excesso, isso se dá por ignorância, e não porque "queremos" no sentido de uma escolha livre, desejada, consciente. Sofremos porque não temos consciência e liberdade suficientes para podermos estar diante da dor de uma maneira diferente, ainda. Se fôssemos tão livres assim, certamente não estaríamos mergulhados no sofrimento.

Na cura do cego de Betsaida[7] há um aprendizado importante. Quando Jesus faz a cura, ele a faz em duas etapas. Assim, podemos ver nitidamente e com profundidade que sair da cegueira espiritual não acontece de uma vez, ou seja, há camadas de novas percepções que vão trazendo clareza para nosso estado de sofrimento. Quando Jesus pergunta ao homem se ele está vendo alguma coisa, o cego responde: "Sim! Vejo homens, mas não os distingo bem; parecem troncos de árvore a andar de um lado para o outro." Então, o *discernimento* faz parte do nosso processo curativo. Quando conseguimos

---

7.   *Marcos 8:22–26. O novo testamento.* Trad. Haroldo Dutra Dias. Brasília: FEB, 2013.

discernir o que nos faz mal daquilo que nos faz bem, chegamos ao primeiro nível de consciência. E reconhecer isso, dói! No entanto, essa é uma dor bem-vinda! É uma dor que permite ver e, se podemos ver, nosso grau de liberdade é maior. Quando estamos vivendo nossa cegueira, nosso grau de liberdade é muito pequeno. Ficamos tateando, nos machucamos muito, fazemos escolhas irrefletidas e seguimos em caminhos equivocados porque não conseguimos distinguir bem para onde estamos nos dirigindo.

Um exemplo: quando nos questionamos sobre o que nos acontece em um relacionamento afetivo no qual vivemos nos lesionando e machucando a outra pessoa, e nos sentimos muito convocados a isso e continuamos a repetir o que não nos faz bem, é sinal de que está nos faltando discernimento. Começamos nossa cura, então, diferenciando, tomando consciência dos movimentos lesivos que antes não era possível identificar. Na cura do cego, Jesus realiza a segunda etapa da cura, na qual o homem passa a ver com clareza, com precisão e profundidade. E, um detalhe importantíssimo, se não o mais essencial: Jesus recomenda ao homem que volte para casa, mas não para a aldeia. É preciso entender que essa orientação de Jesus se refere a dois lugares espirituais: a casa e a aldeia. A casa é nosso ponto de equilíbrio interior, onde nos sentimos filhos de Deus, na qual nos conectamos com nossa essência divina. A aldeia é tudo o que promove o afastamento de si, o que nos distrai de nossos propósitos existenciais e que, portanto, nos adoece.

A aldeia pode representar tudo o que é excesso em nossas vidas, a porta larga[8] à qual Jesus se refere como sendo o caminho pelo qual nos perdemos facilmente, que nos distrai dos nossos propósitos. Na vivência dos excessos, ficamos cegos, adoecemos, encurtamos nosso olhar. Dirigem-se ao excesso aqueles que têm dificuldade de suportar a precariedade, aqueles que querem estar imunes a qualquer falta, que ainda acreditam que podem viver sem sentir dor. Mergulhados nessa ilusão, não há possibilidade de um esforço consciente em construir passos sóbrios que tragam equilíbrio. É preciso emergir desses caminhos sombrios e viciosos que nos afastam cada vez mais de nós mesmos.

O paradoxo daquele que quer se curar é que, mesmo percebendo os descaminhos e as tentações, mantém-se resistente a sair dos lugares os quais o adoecem. Não são lugares físicos; são comportamentos, modos de conviver, hábitos cristalizados e automatizados, modos de pensar que incitam a superioridade sobre os outros... Quantas aldeias temos ainda que reconhecer para a elas não mais voltar! Temos resistência a dizer não ao que nosso discernimento já informou serem lugares sombrios, comportamentos viciados, que ainda nos atraem. É um passo avançado em nossa cura espiritual resistir voltar para a aldeia. É questão de amadurecimento espiritual,

---

8. Allan Kardec. *O Evangelho segundo o espiritismo.* Trad. Guillon Ribeiro. 120. ed. Brasília: FEB, 2022. [cap. XVIII, item 3]

e leva um certo tempo para chegarmos a esse ponto. Assim, podermos lidar com os desdobramentos de nossas ações, sustentar os novos movimentos que o discernimento esclareceu e acolher as consequências sem revoltas é, na verdade, nos dirigirmos ao nosso processo de crescimento.

Então, não há como curarmos nossa cegueira espiritual sem sentir dor, pois essa é uma mudança de posição existencial na vida. Tomar consciência dos passos equivocados nos entristece muitas vezes, e isso faz parte, sim. Porém, uma outra coisa é sofrermos porque estamos cegos... Aí é outra história, porque isso faz com que nos demoremos tempo demais na reclamação sem ação, sem movimento: "Eu não queria ter essa cegueira, não suporto passar por essa cegueira." Nesse ponto, acontece uma coisa interessante: quando ficamos no sofrimento da dor, quando nos demoramos nesse lugar crítico e julgador, não temos energia para resolver a dor. Desse modo, ficamos colados ao sofrimento, tão colados que não conseguimos nem identificar o lamento que nos faz repetir o processo de adoecimento. Nessas situações, fazemos muitos tratamentos, mas não há melhoras.

Quando conseguimos separar a dor do sofrimento, discernindo o que está acontecendo, torna-se possível nomearmos o que sentimos. Esses movimentos representam, na verdade, que já estamos conseguindo nos afastar para poder ver, como o cego que saiu da aldeia para ser curado por Jesus! Sem afastamento não é possível ver... Permanecemos cegos, tateando no escuro de nossa ignorância, de nosso sofrimento. É algo semelhante a subirmos em um helicóptero e nos observarmos de um outro ângulo, mais ampliado, mais alto, e podermos enxergar quem somos nós naquela cena. É por isso que os processos de meditação são excelentes, assim como momentos de oração íntima que promovem autoconhecimento, psicoterapias ou outros recursos que nos permitam fazer essa "descolagem", pois podemos perceber quem somos nós naquela história e, assim, podemos abrir uma brecha entre a dor propriamente dita e o modo como experienciamos a dor. Essa brecha é a oportunidade da qual a Espiritualidade Maior se utiliza para que nosso protetor espiritual, ou entes queridos desencarnados que torcem por nosso amadurecimento, ou aqueles Espíritos com quem planejamos nossa vida, possam se aproximar e nos ajudar com "lampejos", ou com uma visão do que está nos acontecendo para que comecemos a perceber se estamos alimentando um processo de vitimização, se estamos com muita pena de nós mesmos ou, ainda, se estamos querendo receber afeto por meio da manutenção do sofrimento.

Há algumas perspectivas que nos mantêm aprisionados, como:

» pensarmos que, na verdade, não somos nós que precisamos fazer mudanças, mas, sim, o outro. E ficarmos esperando que esse outro se modifique para que a nossa vida melhore;

» sentirmos que a vida nos deve, porque ainda não recebemos o suficiente. Concluirmos que não somos nós que temos de agir na vida, mas é a vida que tem de nos dar, porque, afinal, já fizemos muito em chegarmos até aqui;

» nos sentirmos muito injustiçados pela infância que tivemos, ou pela adolescência cheia de precariedades pela qual, até agora, não recebemos recompensas. Por todos os esforços em sermos bons, ficamos defendidos e estacionados, esperando a compensação chegar.

Sofrimento, sofrimento, sofrimento...

Enfim, criamos tantos enredos para justificar nossa paralisia, morando no eu-sofredor, que acabamos não tendo condições de enfrentar a dor verdadeira que nos libertaria profundamente para viver a vida que planejamos tanto.

Se conseguirmos nos libertar desses enredos em que moramos, poderemos nos dedicar à dor propriamente dita e entender qual é a função dela no momento em que ela surge em nossa vida. Uma coisa é certa: a maioria das dores certamente vem nos convidar a sair da aldeia.

Sofrimento e família

Uma das origens mais comuns do sofrimento no ambiente familiar está em querer evitar precariedades. Tentamos evitar nossas precariedades por meio dos excessos. Por exemplo, podemos querer viver tudo o que nos faltou por meio da infância dos nossos filhos. Assim, vemos pais que, se na infância ou na adolescência viveram em lares muito rígidos, ficam hoje muito inclinados a permitir aos filhos a liberdade que eles gostariam de ter tido, vivendo, assim, uma realidade totalmente longe do tempo de suas infâncias. A liberdade que queríamos na nossa infância ou adolescência não é a mesma liberdade que nossos filhos hoje experimentam. Então, é algo fora de contexto oferecermos para os filhos a liberdade que não tivemos. Não só porque estamos desatualizados no tempo, mas, sobretudo, porque nossos filhos não estão vivendo a dor que sentimos em nossas famílias.

Há inúmeros comportamentos excessivos que provêm dessa reação às faltas não resolvidas que trazemos de nossas famílias de origem. Quantas das coisas que damos aos filhos são exatamente aquilo que queríamos ter tido? Oferecemos na intenção de fazê-los felizes: um colégio trilíngue, viagens, intercâmbio, roupas, brinquedos, motocicleta e tantas outras coisas que, se perguntássemos a eles... Será que é mesmo tudo isso o que eles gostariam de receber de nós?

Enquanto ainda considerarmos que podemos resolver as nossas faltas da infância oferecendo excessos aos filhos, estaremos cegos para a necessidade deles. Para onde estamos olhando na verdade, se não ainda para nosso sofrimento antigo? Mergulhados nesse sofrimento que nos mantém cegos, sofremos porque não somos reconhecidos pelo esforço que fazemos para dar o que não tivemos. E os filhos? Sofrem porque não conseguem ser suficientes para seus pais, pois não conseguem retribuir à altura tanta doação.

Todo esse sofrimento que decorre do excesso foi bem comentado por Kardec. Ele afirma que há sofrimentos que poderíamos evitar se vivêssemos na sobriedade das ações:

Quantos males, quantas enfermidades não deve o homem aos seus excessos, à sua ambição [...] às suas paixões. Aquele que [...] vivesse com sobriedade [...] a muitas tribulações se forraria.[9]

Então, se quisermos apaziguar nossas relações familiares e vivermos presentes nelas, precisamos reconhecer o que faltou para nós e cuidar urgentemente dessa falta. Assim, teremos nutrição suficiente para oferecer aos Espíritos que hoje são nossos filhos o que eles necessitam para crescer. Precisamos olhar para o outro e descobrir junto com ele o que ele precisa, mas enquanto tivermos muitas precariedades afetivas, não haverá como enxergar com precisão, e só olharemos o que nos falta.

No entanto, Deus não está alheio a esses nossos descaminhos. O equilíbrio divino acontece assim: chega um momento em que ficamos exaustos de só viver no excesso e adoecemos. Vem a dor para nos tirar da aldeia, a fim de sairmos da ignorância, e aí já começa o aprendizado dos limites necessários. Primeiro, passamos por uma grande restrição para melhorar, e, gradualmente, a liberdade vai voltando na medida de nossas condições. Deus não pula etapas; Ele aguarda nosso processo de crescimento se dar no tempo justo.

---

9. Allan Kardec. *O livro dos Espíritos*. Trad. Guillon Ribeiro. 93. ed. Brasília: FEB, 2022. [item 257, ensaio teórico elaborado pelo autor]

A perspectiva espiritual

No livro *O céu e o inferno*, especificamente no item 16 do código penal da vida futura, Kardec apresenta três condições para a reabilitação dos nossos corações diante dos nossos deslizes: arrependimento, expiação e reparação. Essas ações acontecem nessa ordem, estejamos ou não encarnados: "[…] seja na vida atual, na vida espiritual após a morte, ou ainda em nova existência corporal."[10] São etapas pelas quais precisamos passar para nos libertarmos, pois o arrependimento somente não é suficiente para nos equilibrar, para fazer com que nos sintamos em paz com um deslize. É que em toda falta que cometemos, mesmo que tenha sido sem intenção, machucamos o outro. Temos o registro da dor do outro em nós, uma espécie de memória afetiva do que causamos no coração alheio, porque continuamos ligados de certa forma a essa pessoa. Como poderíamos nos reequilibrar somente no arrependimento, sozinhos? Faltaria cuidar dessa parte que é para além de nós. Portanto, como a lei do Universo é uma lei de equilíbrio, há oportunidades de ajustes, em que reviveremos experiências semelhantes, mas atuando em outros papéis, em outras vidas, a partir de outros ângulos, para modificar nossa perspectiva unilateral e agir melhor.

---

10. *Idem. O céu e o inferno*. Trad. Manuel Quintão. 49. ed. Brasília: FEB, 2017. [1ª parte, cap. VII, itens 16 e 17]

Vamos pensar, por exemplo, na experiência de alguém que escolheu fazer um aborto e que, mais tarde, quando conheceu as consequências espirituais da ação, sentiu-se culpado. Sabemos que a culpa não ajuda, porque nos paralisa e pode nos levar a pensamentos obsessivos dos quais não podemos escapar. Além de ser um desperdício de energia que não nos leva a lugar nenhum, pelo contrário, nos mantém incapacitados para agir de modo diferente. Mas, se da culpa conseguirmos caminhar para o arrependimento, uma porta para a cura se abrirá. Poderemos nos entristecer até – "Que pena, eu gostaria muito de ter feito diferente, mas naquele momento não foi possível para mim, não consegui ver outra saída." A importância de nos arrependermos é que o *arrependimento* significa que saímos da anestesia, da indiferença. Embora esse "descongelamento" traga dor, ele é uma experiência muito positiva, pois nele nascem dois movimentos curativos:

» conseguimos enxergar o outro, validar sua dor e deixar com ele a parte que a ele pertence;
» conseguimos nos responsabilizar por nossa parte sem nos enfraquecer.

Com essas duas conquistas, uma crescente esperança passa a habitar nossos corações e uma força imperiosa nasce: a força de recomeçar para fazer diferente e melhor. Ficamos muito entusiasmados em nos reabilitar, em crescer, em nos sentirmos mais livres a partir de então. E uma nova chance surge para todos nós. Muitas vezes, essa etapa do arrependimento se dá no mundo espiritual. Se for assim, ao reencarnarmos, viveremos a segunda etapa, que é a da expiação.

Podemos nos perguntar: "Por que será que nos arrependermos não é suficiente para nos encaminharmos diretamente para a reparação dos deslizes? Por que é necessária a expiação, se o arrependimento já nos ofereceu as chances de ampliarmos o olhar e moveu nossa vontade de nos modificarmos?"

Sobre essas questões, encontrei um trecho esclarecedor no livro *Paulo e Estêvão*,[11] que fala sobre a necessidade dessa etapa que sucede à do arrependimento, que é a da expiação. É uma orientação dada por Ananias a Saulo, depois do fracasso deste ao narrar sua experiência de encontro com Jesus aos seus antigos pares da Sinagoga. Esse é um momento que ilustra bem o que estamos desenvolvendo aqui sobre dor e sofrimento. Saulo estava experimentando a dor do abandono, da solidão, o que era compatível com a situação na qual ele mesmo havia se colocado: imaginar que seu passado glorioso seria suficiente para garantir o êxito na exposição das ideias novas. Porém, junto à dor de ser incompreendido, Saulo também começou a desenvolver o sofrimento da vitimização, dizendo-se cercado de enormes dificuldades,

---

11. Emmanuel [Espírito], Francisco C. Xavier. *Paulo e Estêvão: episódios históricos do cristianismo primitivo*. 4. ed. Rio de Janeiro: FEB, 2007. [2ª parte, cap. I, p. 243]

sem perceber que tinha lhe faltado humildade e preparo diante da tão grande tarefa que se havia imposto.

Diante da vitimização (sofrimento) de Saulo, Ananias ofereceu um diálogo consolador e orientador ao mesmo tempo, a fim de que Saulo pudesse encontrar outro caminho para lidar com o abandono de seus pares (dor). Iniciou reconhecendo a iniciativa positiva de Saulo, mas observou que havia faltado preparo:

> [...] o Senhor conferiu-te a tarefa do semeador; tens muito boa vontade, mas que faz um homem recebendo encargos dessa natureza? Antes de tudo, procura ajuntar as sementes em seu mealheiro particular, para que o esforço seja profícuo.[12]

Em seguida, ao perceber que Saulo já havia saído de seu estado queixoso (sofrimento), aprofundou a reflexão com ele, mostrando que toda cura espiritual tem etapas necessárias a serem vencidas a fim de que seja efetiva. Mostrou, assim, que com aquela atitude, Saulo quis ultrapassar a etapa mais importante, que é a do testemunho próprio. E, nas leis divinas, não há como burlarmos processos da misericórdia a nosso favor:

---

12. Emmanuel [Espírito], Francisco C. Xavier. *Paulo e Estêvão: episódios históricos do cristianismo primitivo*. 4. ed. Rio de Janeiro: FEB, 2007. [2ª parte, cap. I, p. 243]

[...] aquele que já se enganou, ou que guarda alguma culpa, tem necessidade de testemunhar no sofrimento próprio, antes de ensinar. Os que não forem integralmente puros, ou nada sofreram no caminho, jamais são bem compreendidos por quem lhes ouve simplesmente a palavra. Contra seus ensinos estão suas próprias vidas.[13]

Diante desse esclarecimento, Saulo recebeu de Ananias a orientação de ir para o deserto como primeiro passo na direção da expiação, ou seja, do testemunho próprio, da conquista da autoridade moral, para poder falar do *Evangelho* a partir do seu coração.

A partir desse momento é que se desenrola toda a história de lutas que ele trava para poder levar o *Evangelho* a tantos lugares. Mas ele só segue com essa disposição aberta para o deserto porque entendeu a necessidade de ter a vida em testemunho do que pregaria. Isso é o que daria autoridade a ele para ocupar o lugar de apóstolo do Cristo diante dos outros. Como ele poderia falar sobre algo que ainda não havia vivido na sua inteireza? Para que suas palavras saíssem da sua boca encharcadas de amor, pois somente no amor é que podemos consolar verdadeiramente alguém, era necessário experimentar o lugar do outro.

---

13. *Ibidem.*

As etapas curativas

Podemos colher dessa experiência de Saulo a certeza de que a confiabilidade que queremos conquistar em nossas vidas depende do processo de afinar nossos valores ao que fazemos, pensamos e sentimos. Para que possamos construir uma identidade com toda essa integração, temos um caminho que se inicia ao concordarmos com o nosso destino, concordarmos com a nossa vida exatamente como ela se apresenta para nós. É preciso parar de bater os pés, parar de fazer birra e conseguir afirmar o quanto nossa vida é linda, é necessária, é justa... e é a melhor que já tivemos. Cada um de nós é que sabe em que etapa está, mas o fato é que, seja lá onde estivermos vencendo o que é preciso, nenhum de nós passa para a reparação, para as benesses, sem ter ajustado as contas com o nosso coração. Nossa alma não sossega enquanto não fazemos as pazes com tudo o que está no nosso entorno, e para cuja desordem, um dia, já colaboramos. Podemos, então, concluir que aquelas situações longas de nossas vidas, que atravessam nossa existência durante um bom tempo sem que possamos nos afastar delas, são expiações, mesmo. E se constituem em uma bênção, porque significam o segundo estágio de nossa cura, o que nos habilita a passar para o próximo passo, que é o da reparação. Na verdade, é libertador poder atravessar as expiações, porque podemos ser totalmente transformados por elas mesmo que não as tenhamos escolhido de modo consciente. Dessa forma, não somos vítimas de nossas vidas, muito pelo contrário: somos arquitetos de nosso destino.

Então, as perguntas que ficam com cada um de nós quando estamos vivendo alguma dor são: "Qual é o aprendizado a que estamos sendo chamados a começar? Seria aquele que nos leva a sair dos excessos, a romper com a autossuficiência e a aceitar a vulnerabilidade que nos liga a todos os seres? Seria aquele que nos ensina a amar o improvável, a nos reconciliarmos com o que afastamos de nós?" Enfim, devemos discernir o que estamos sendo convidados a olhar a fim de que possamos renunciar ao sofrimento como sendo a única maneira de viver aquela experiência. E é desse jeito que nosso coração passa a ser um coração obediente e resignado, como nos ensina *O Evangelho segundo o espiritismo*,[14] que são duas forças ativas de consentimento da razão e do coração. Longe do entendimento do senso comum, de serem negação da vontade e do sentimento, são indispensáveis para a conquista de um coração brando, que se mantém aberto ao amor e capaz de lidar com as vicissitudes da vida terrena, sem esmorecer.

Podemos, então, lançar à dor um olhar positivo de aprendizado e de grande misericórdia divina para todos nós.

—

14. Allan Kardec. *O Evangelho segundo o espiritismo*. Trad. Guillon Ribeiro. 120. ed. Brasília: FEB, 2022. [cap. IX, item 8]

A título de aprofundamento desse tema, apresento a seguir um esquema didático que pode auxiliar na compreensão da perspectiva espiritual, com as indicações bibliográficas. Parti do item 132 de *O livro dos Espíritos*,[15] em que Kardec pergunta sobre o objetivo das reencarnações. Podemos, assim, entender que nossa reencarnação atual ocorre em três dimensões: a das *provas*, que são de curta duração e têm a finalidade de nos ajudar a conquistarmos novos aprendizados e, portanto, suas causas residem no presente; a das *expiações*, que são de longa duração e têm a finalidade de nos libertar dos deslizes do passado por meio de três etapas; e a da *missão*, que, embora seja um termo com significado comum muito idealizado, aqui se constitui em algo mais objetivo, porque se refere à face da nossa vida em que fazemos a nossa parte, em que damos nossa contribuição ao mundo ao qual viemos nos desenvolver. O tamanho e a intensidade de cada dimensão depende da história espiritual de cada um. Neste livro, apresento-as de maneira igual para facilitar o entendimento.[16]

---

15. Allan Kardec. *O livro dos Espíritos*. Trad. Guillon Ribeiro. 93. ed. Brasília: FEB, 2022. [item 132]

16. A expressões entre aspas no gráfico foram retiradas do item 246 do livro *O consolador*. (Emmanuel [Espírito], Francisco C. Xavier. 29. ed. Brasília: FEB, 2019.)

Exercício sugerido

- ► Em uma folha de papel, desenhe um círculo como o do gráfico na página anterior, com o tamanho de cada área correspondente às da sua vida hoje, neste momento.

- ► Qual é a maior área? E qual é a menor?

- ► Escreva em cada área o que você, hoje, considera como sendo a sua missão, a sua expiação, e as suas provas atuais.

- ► Na área da expiação, verifique em qual etapa você se percebe: arrependimento, resgate ou cura? Que sinais o fazem considerar a sua resposta?

- ► Na área das provas, verifique se há possibilidade de você identificar que gênero de provas está presente em todas elas. Escreva o que percebe.

- ► Na área da missão, escreva de que modo você sente que sua missão contribui para o mundo.

Devemos discernir o que estamos sendo convidados a olhar a fim de que possamos renunciar ao sofrimento como sendo a única maneira de viver a experiência da dor. E é desse jeito que nosso coração passa a ser um coração obediente e resignado, que são duas forças ativas de consentimento da razão e do coração, indispensáveis para a conquista de um coração brando, que se mantém aberto ao amor e capaz de lidar com as vicissitudes da vida terrena, sem esmorecer.

Podemos, então, lançar à dor um olhar positivo de aprendizado e de grande misericórdia divina para todos nós.

capítulo 3
a travessia do luto

O luto é um fenômeno que acompanha todo aquele que experiencia algum tipo de separação, seja pela morte de alguém querido ou pelo rompimento de um casamento, seja por uma falência financeira ou pela perda de um trabalho significativo, seja pela perda das forças físicas. No entanto, quando essa experiência se dá pela morte de um ente querido, o luto assume um caráter mais complexo pela determinação do "nunca mais vamos nos ver", que impossibilita qualquer ação, por parte de quem fica, de ir ao encontro do ser amado.

Assim, o luto é um processo que se dá em vários níveis de intensidade e de tempo, e que depende do modo como cada um lida com as separações naturais da vida. Não é justo determinarmos quanto tempo alguém deverá levar para se reconciliar com o fluxo do viver. É que, junto do amor que continuamos a sentir, aparece a realização da falta. Dar-se conta da presença do amor é também dar-se conta da ausência do ente querido. Talvez ambas as percepções sejam modalidades do amor, mas de um modo que nos é pouco conhecido. Todo aquele que ama corre sempre o risco de não ter diante de si os seus amores. Amar na imprevisibilidade, na impermanência... Será que nos damos conta de que é isso que está posto para nós como condição de seres humanos finitos que somos?

O luto, em sua essência, é uma experiência de rompimento da confiança. A morte de um ente querido nos lança à quebra da familiaridade de um modo de existir que se deu em uma certa segurança em que confiávamos. Desse modo, o luto é uma travessia que nos retira da inocência da confiança no que é seguro e nos convida a tecer um confiar no que é inseguro, instável e impermanente. É por isso que na experiência do luto somos lançados à possibilidade de refazer a conexão com o sagrado da existência.

Porém, a reconexão com a essência do viver só acontece se concordarmos com o acontecido. Fora dessa concordância, o morrer, que está para todos nós, mas fora do nosso controle, pode aparecer como um desejo, como um modo de alcançarmos aqueles que já se foram antes de nós.

Há, então, uma caminhada necessária, do estado de desilusão que nos desabriga da familiaridade que tínhamos para um reestabelecimento da confiança, mas agora mais próxima à realidade de todos nós. Confiar, entregar, renunciar a qualquer expectativa de controle do real, lançar-se ao mistério do existir. É possível confiar em si mesmo, no outro e no mundo, mesmo que essas dimensões não ofereçam nenhum sinal de permanência ou estabilidade para sempre.

Embora o luto possa parecer um processo que nos distancia do mundo, também pode ser o que mais nos aproxima da essência da existência. E exatamente por isso pode trazer consigo uma beleza oculta, pois nos retira da distração em que muitas vezes consiste o nosso existir, e nos convida a valorizar nosso modo de viver. Na experiência do luto há perguntas insistentes, que raramente nos visitam no cotidiano, e que provocam um outro modo de ser e estar no mundo junto com os outros. Viver como mortais nos convida a responder diariamente ao para quê de estarmos vivos e o que queremos fazer de nossa vida enquanto ela durar.

Enlutar é preciso

Esse assunto é muito especial para mim.

Escolhi escrever sobre o luto em forma de conversa porque sinto que essa escrita, para mim, é curativa, e porque pode ser útil para quem também estiver passando por essa experiência tão profunda.

Se todos nós passaremos por perdas durante a vida, seja de que maneira for, enlutar-se é algo que já faz parte do contrato de viver. Passaremos por muitos lutos e por muitos renascimentos, à revelia da nossa vontade. Depois de uma perda, não há como continuar na vida como se nada tivesse acontecido. Qualquer entrega que tenha nossa energia afetiva requer de nossa alma um bom tempo para se recuperar, para mudar de rota, para voltar a querer viver.

Há quem pense que há um jeito de driblar a dor da perda... Basta não se entregar, não amar, viver pelas beiras ou nas pontas dos pés. Pode ser que, desse modo, possa se proteger da dor; mas também nunca sentirá as alegrias incríveis que a entrega amorosa proporciona. É uma questão de escolha: pode-se viver à margem de si e só molhar os pés ou se arriscar nas profundezas do viver.

À medida que o tempo passa, melhoramos de toda a dor que a morte de alguém amado nos trouxe. Porém, não é exatamente porque o tempo passa que melhoramos, mas pelo que vamos fazendo por nós mesmos durante esse tempo de separação temporária. Sei que às vezes é difícil mesmo acreditar que eles não estão mais aqui conosco, e que não os veremos mais com os olhos do corpo. Há que se caminhar um tanto mais para podermos aprender um outro jeito de estarmos juntos com eles. Será preciso transcender os modos costumeiros de amar.

No final do mês de maio de 2016, meu filho mais novo, Bruno, faleceu. Ele completaria 20 anos de idade em julho. Foi uma perda repentina para nós, e, portanto, traumática, pelo susto e pela ruptura sem precedentes que sua morte provocou.

Até agora, ainda não sei muito bem por que ele faleceu, porque ele teve uma parada cardíaca quando viajava com os amigos durante a semana de jogos da universidade. Ele estava em uma cidade distante de casa e, quando chegamos lá, já não podíamos fazer mais nada. E mesmo com as tentativas dolorosas de descobrir a causa do seu falecimento no Instituto Médico Legal, o fato é que continuo sem saber. E sabe do que mais? Já não me importo, porque não há explicação que traga meu filho de volta.

Já se passaram oito anos e, ao mesmo tempo, parece que muito pouco tempo passou... É mesmo uma coisa confusa a questão do tempo dos acontecimentos para a memória do nosso coração.

Sou espírita de berço. Meus pais eram espíritas. Durante minha infância e minha adolescência, acompanhei de perto o trabalho do bem que eles faziam. Eles coordenavam uma casa espírita que construíram no terreno da nossa casa, em que realizavam atividades assistenciais, mediúnicas e de estudos do espiritismo. Mais tarde, pude conhecer outras casas espíritas e participar de grupos de jovens e de retiros espirituais. Participar ativamente do movimento espírita sempre foi algo natural para mim, e fazia – e ainda faz – parte da minha vida de modo inseparável. Hoje, sinto que foi mesmo um privilégio ter nascido em uma família que me ofereceu esse caminho espiritual. Não sei como teria sobrevivido a tanta coisa sem a certeza da imortalidade da alma, sem os recursos espirituais que me são tão familiares.

É importante destacar que o fato de ser espírita não me isenta das dores humanas; no entanto, ser espírita me retira do desespero. Posso assim dizer que é possível sentir dor sem sentir desespero, mesmo que com muita saudade, muita tristeza e tudo o mais que uma perda traz para qualquer um de nós. Por isso, saber que a vida continua não é negar a morte. Morrer é parte integrante do viver, é uma passagem inevitável para os encarnados antes de continuarem a jornada espiritual. Aliás, só temos uma vida mesmo: ora estamos vivendo no corpo, ora fora dele. São diferentes manifestações do viver e que se dão de modo contínuo, ininterrupto.

Você pode estar se perguntando – como eu também já me questionei –: "Se a certeza da vida futura é tão clara para mim, o que dói, então?" Dói a falta, a separação. Dói ter que refazer o futuro, os sonhos, sem eu desejar. Dói não poder mais tocar, abraçar, rir com ele e tantas milhões de outras coisas... até lembrar dói. Na verdade, tudo dói no começo. Dói ter que continuar a vida sem ele. Kardec afirma que essa é "uma das mais legitimas dores".[17]

Ao mesmo tempo que eu sentia tanta dor, confiava que ela não era eterna. Por isso, enlutar é preciso, nos dois sentidos: é necessário vivermos a profundidade da dor para podermos nos levantar dela transformados, e esse é um momento rico de precisão, de conexão com o essencial, de um olhar fino, encharcado de sagrado, que pode nos levar a um viver com mais sentido e amor. E é por essa possibilidade que o luto nos traz que se torna possível estarmos juntos aqui, neste momento.

Reuni alguns entendimentos provisórios que fui adquirindo ao longo da travessia do luto, que compartilho aqui com você.

---

17. Allan Kardec. *O livro dos Espíritos*. Trad. Guillon Ribeiro. 93. ed. Brasília: FEB, 2022. [comentário à resposta do item 936]

1. O tempo das nossas emoções não é o mesmo tempo dos acontecimentos nem do pensamento

Uma coisa é o que pensamos, o que entendemos; outra coisa é o que o nosso coração é capaz de alcançar. É preciso paciência com o tempo que levamos para compreender tudo o que aconteceu. Parece que nossa alma é como um mosaico: vamos completando uma enorme imagem por partes, ou seja, vamos nos dando conta do que aconteceu aos poucos, porque é impossível processar o todo de uma vez. Seria uma sobrecarga emocional que nossos ombros não sustentariam por muito tempo. Deve ser por isso que contamos para as pessoas toda a história daquela morte várias vezes, com detalhes. Cada vez que a contamos, mais um pedaço chega completando a imagem, dando contorno à intensidade da dor que estamos sentindo, criando um pouco de comunidade na dor, confirmando que sobrevivemos. Talvez o façamos para conseguirmos acreditar que tudo aconteceu de verdade *conosco*, e não com outra pessoa.

Assim, podemos entender e estar certos de que a vida continua, que estamos aqui de passagem, cada um com seu tempo de viver. Isso é um entendimento e está correto. Outra coisa é você arrumar o quarto do seu filho, doar todas as coisas que foram dele, procurar por ele pela casa ou esperar que, ao final do dia, ele entre pela porta de casa. Então, para o coração poder chegar a esse nível de entendimento que existe no pensamento, é preciso muito tempo... Trata-se de uma viagem galáctica! Tenho aprendido que o tempo das emoções é completamente diferente do tempo do pensamento, mais do que eu poderia imaginar. Eu achava que bastava entender, só que isso não é verdade. Já entendi que meu filho está bem. Já entendi que ele está com entes queridos. Já entendi tudo isso, mas... o meu coração, que ainda está cheio de sonhos de futuro com ele, não entende nessa mesma velocidade, então não me permite deixar que esses sonhos se desfaçam.

Essa diferença faz com que eu precise também respeitar o meu tempo de concordar com minha saudade, de concordar com meu choro, e, às vezes, até com minha alegria... Porque, às vezes, torna-se até difícil ficar feliz... É assim: ficar feliz não combina com tanta tristeza sentida. Mas há dias que percebo que sou capaz de sentir uma extrema felicidade, e, em outros dias, uma tristeza muito profunda; às vezes, sinto as duas coisas ao mesmo tempo, no mesmo dia. É que nosso coração é "elástico". Sentimos coisas completamente opostas em uma variação de tempo incrível. Isso não quer dizer que um sentimento seja verdadeiro e que o outro, não. Ambos são muito verdadeiros.

Precisamos de tempo para concordar. O que quer dizer concordar? Essa palavra contém o termo em latim *cordis*, que quer dizer *coração*. Então, concordar significa mais do que aceitar. É quando conseguimos acolher de modo inteiro a irreversibilidade da morte em nossa alma. É quando desistimos de tentar consertar o fato, de nos culpar ou de culpar alguém pelo que aconteceu. Concordar pacifica nosso pensamento e nosso coração, porque concordar é *soltar*. Soltamos queixas, inconformações, julgamentos e, dessa forma, podemos dizer sim à realidade: a morte aconteceu.

2. Para que a vida continue, é preciso entregar

Talvez esse tenha sido um dos aprendizados mais difíceis para mim: confiar que meu filho está entregue aos braços de Deus! Então, confiar é assim: o meu bem mais precioso, deixo nos braços e nas mãos de quem vai cuidar de modo igual ou melhor do que eu... E, para essa tarefa, só confio em Deus, ninguém mais...

Entregar não é largar, desistir, e nem abandonar. Há uma intenção nesse movimento. Como exemplo, temos as palavras de Jesus, quando estava perto de morrer: "Pai, em tuas mãos eu entrego o meu espírito. Ao dizer isto, expirou."[18]

Podemos entregar aos braços de Deus todas as vezes que a saudade for grande demais para suportarmos, repetindo: "A saudade... Ah, eu também entrego! Eu entrego aos seus braços!" Falar dos nossos sentimentos para nosso Pai e deixar o corpo sentir tudo o que for possível permite que o alívio chegue em breve.

E, assim, podemos entregar a Deus tudo o que for demais para nós. Com o tempo, crescem as possibilidades de abraçar as tantas questões que não tiveram lugar em nossas almas.

---

18. *Lucas*, 23:46. *O novo testamento*. Trad. Haroldo Dutra Dias. Brasília: FEB, 2013.

Existem também determinadas imagens que não saem da nossa cabeça; é como se tivessem uma espécie de "cola". E não só imagens, cenas, mas também sons, frases ditas, frases não ditas… Tudo isso fica "grudado" no nosso pensamento. Por vezes é difícil até dormir. Esses sons e essas imagens também precisam ser entregues. Isso significa metaforicamente que Deus pode segurar o que os nossos braços não alcançam, porque é um acontecimento grande demais para nossa condição terrena.

Comecei a entender que eu sentia alívio porque meu filho também sentia alívio! Porque quanto mais eu fixava imagens doloridas, mais dolorido era para ele também. Os Espíritos nos esclarecem o seguinte:

> O Espírito é sensível à lembrança e às saudades dos que lhe eram caros na Terra, mas uma dor incessante e desarrazoada o toca penosamente.[19]

Não quero dizer com isso que não podemos sentir dor, para não atrapalhar nossos entes queridos. Todos nós precisamos nos enlutar, inclusive eles! Refiro-me ao bem-estar que proporcionamos a eles quando melhoramos, quando concordamos com o destino deles. Quanto alívio todos podem sentir quando conseguimos dar esse passo. Então, quando posso trocar aquela imagem dolorida por uma imagem melhor, por exemplo, uma

---

19. Allan Kardec. *O livro dos Espíritos*. Trad. Guillon Ribeiro. 93. ed. Brasília: FEB, 2022. [item 936]

imagem das risadas dele ou uma imagem dele me abraçando, ou uma imagem de nós fazendo alguma coisa juntos, ele também melhora, no ritmo em que eu melhoro! O que pensamos, eles sentem, o que eles pensam, nós sentimos.

2.1. Entregar é um exercício de desapego

O processo de gravidez de uma mulher começa bem antes da concepção. O Espírito que vai reencarnar se aproxima da atmosfera espiritual do casal antes de a gravidez física acontecer. Esse processo está bem explicado no livro *Missionários da luz*,[20] em que André Luiz acompanha todo o trabalho feito com Segismundo e seus futuros pais, Adelino e Raquel.

Quando a gravidez acontece, essa união da mãe com o filho torna-se mais estreita ainda e, quando o filho nasce, essa estreiteza não se perde rapidamente. É um processo lento que acontece entre os dois. Para o bebê que chega, a mãe é a continuação dele, pois, durante um bom tempo, ele não sabe o contorno do seu próprio corpo. Quando a mãe coloca o bebê nos braços, percebe naquele olhar uma busca por contato. Então, um processo importante de separação passa a acontecer, devagarinho: o bebê sai da barriga para os braços; do peito para a cadeirinha; da cadeirinha para o chão; e assim por diante, até ir para a creche. Quando ele vai

---

20. André Luiz [Espírito], Francisco C. Xavier. *Missionários da luz*. 45. ed. Brasília: FEB, 2022. [cap. 13]

para os braços de outras pessoas, a mãe sofre e, às vezes, o bebê também. Por isso é necessário, para ambos, uma adaptação nos primeiros dias de creche. Mais tarde, a mãe passará a suportar deixar o filho dormir na casa do coleguinha, e depois deixar o filho viajar, casar e assim por diante.

Penso que no caso da desencarnação de um filho acontece algo semelhante. Aprendemos a nos separar para nos desenvolvermos, nos desfazendo de uma coisa, de outra... até podermos entender com o coração: sim, meu ente querido está em outra dimensão, está em outro momento, em outro movimento, e, por enquanto, nós aqui continuamos com o nosso aprendizado. Esse aprendizado chama-se desapego.

O assunto desapego está no capítulo XVI de *O Evangelho segundo o espiritismo*, em que os Espíritos explicam a grande diferença entre desapego e descuido. O desapego seria o caminho da libertação.

Então, entre o apego (que é acharmos que tudo é nosso) e o descuido (que é acharmos que não temos nada a ver com os outros) existe o belo caminho do meio, que é uma construção afetiva que se dá entre nós e nossos entes queridos que partiram.

O desapego acontece em tudo. No aspecto físico, ocorre quando arrumamos o quarto, doando os objetos, as roupas e tudo o mais. Precisamos fazer esse movimento para podermos entender que tudo tem seu tempo, até conseguirmos compreender o amor verdadeiro, que é o amor que liberta.

Então, quando estamos diante de uma experiência desse porte, aprendemos o desapego afetivo, que é um aprendizado que acontece em todas as encarnações. Não é um processo específico pelo qual só você, que está experimentando a perda de um ente querido, passa. Todos nós passamos por ele. Nascemos com um corpo novinho, bonitinho, arrumadinho e, ao longo do tempo, perdemos vitalidade até chegarmos ao envelhecimento. Isso é um grande exercício de desapego para todos, porque nosso corpo vai perdendo a sua importância para que o Espírito possa se dirigir ao essencial.

Se tivéssemos, na idade madura, a mesma vitalidade dos nossos 20 anos, imagine o que ocorreria! Aos 60 anos com a vitalidade dos 20... Como é que nos encaminharíamos para o morrer? Profundamente apegados, despreparados para transcender a vida material. Então, é preciso que nosso corpo perca todo aquele vigor para que possamos olhar para outros horizontes e nos interessar por eles, dando lugar às experiências transcendentais da vida. Não é à toa que por volta dos 50, 60 anos, invariavelmente as pessoas se dirijam mais intensamente para os trabalhos espirituais, seja a casa espírita, seja qualquer outra religião. Então, estamos no curso do desapego para compreendermos que precisamos aprender a amar de um modo mais livre, como é próprio dos Espíritos elevados que seremos um dia.

3. Lidar com a perda de um ente querido modifica os outros laços afetivos

É interessante pensar que a maneira como lidamos com a despedida de um ente querido, com essa separação momentânea, mobiliza bastante os nossos outros relacionamentos afetivos. Modifica-se, na verdade, a nossa maneira de amar. O caráter de temporalidade começa a fazer parte do nosso modo de conviver com nosso par, com nossos outros filhos, com nossa mãe, enfim.

O que nos causa estranheza é: se sempre soubemos que todos morremos, o que fez a diferença, então? Por que nosso coração está tão surpreso? É que há uma certa ilusão de que a morte vem com o envelhecimento. Qualquer perda antes da velhice nos deixa desarrumados, perplexos. Não sabemos ainda lidar com o imprevisível, com o impermanente do viver. Por isso, nossa maneira de amar se modifica, tanto na possibilidade de não mais nos entregarmos tanto assim, para não sofrermos, quanto na de nos entregarmos com mais intensidade, já que a separação se torna iminente. Penso que habitamos entre esses dois extremos durante um bom tempo, até que encontramos um lugar mais confortável ao longo de nosso tempo de viver. Os dois extremos nos extenuam muito, pelo nível de atenção que exigem de nós mesmos, tanto na não entrega quanto no seu oposto. Talvez o exercício de amar se dê também nessa instância de experimentarmos várias intensidades sem perdermos de vista o essencial, que é a valorização da presença das pessoas em nossas vidas, à custa do que for.

4. A força para vencer as dificuldades nasce e cresce no encontro com elas

Sempre achei que, para obter êxito em tudo aquilo que eu quisesse enfrentar na vida, bastava me preparar antes. Então, quando ia fazer uma prova, eu estudava muito. Se eu fosse dar uma palestra, estudava muito. Quando me propunha a coordenar um trabalho, fazia vários treinos antes. Minha certeza era a de que na preparação residia toda a minha força para resolver e lidar com qualquer questão na vida. E, assim, considerava que bastava olhar para mim mesma e verificar de antemão se eu tinha força ou não para prosseguir.

E é verdade que é assim mesmo que a vida se dá, mas apenas em um determinado âmbito, não em todos.

Com essa experiência de luto pelo meu filho, compreendi que é possível conquistarmos força à medida que enfrentamos o acontecimento. A força nasce e cresce no nosso encontro com as adversidades, e nunca antes dele. Portanto, não podemos dizer que não aguentaremos um desafio se ainda não nos encontramos com ele. Podemos afirmar, talvez, que não sabemos se aguentaremos, ou por quanto tempo.

Quando chegou o momento de irmos para o cemitério, imaginei que eu não conseguiria ver meu filho no caixão. Até hoje essa lembrança é viva, e quase não acredito que tudo aquilo aconteceu. Consegui ver, sim, e ficar junto, e à medida que as pessoas chegavam, sentia mais condições de estar presente.

Precisamos de alguns rituais, como o de ir ao enterro, para que a despedida se dê nos vários níveis que ela requer. É que a vinculação afetiva também ocorre em vários níveis e intensidades. Portanto, há um processo emocional que precisamos respeitar, que precisamos atender. Aqueles passos todos que damos, do velório até o local do enterro, nos ajudam a caminhar também por dentro. E para acreditar que aquela pessoa querida morreu, precisamos ver seus olhos fechados, seu corpo inerte, enfim. Encarar a realidade, embora doloroso, facilita a cura de uma forma incrível. Se nos for vedada a possibilidade dessa despedida, levaremos muito mais tempo e passaremos por muito mais sofrimento até conseguirmos acolher o que os nossos olhos não puderam presenciar.

Então, quando consegui ver e consegui me despedir, tudo ficou bem melhor. A cada etapa, tinha dúvidas sobre se iria aguentar. Parecia que ia me desfazer, de tanta dor. Consegui montar uma estratégia comigo mesma: me autorizei ir até onde desse. Fui confiando, sem muita consciência, de que as forças chegariam a cada passo dado.

Quando chegamos ao jazigo da minha família, onde iríamos deixá-lo, tive vontade de falar para os inúmeros jovens que estavam lá presentes, silenciosos. Eram muitos os jovens amigos; todos estavam ali em homenagem a ele. Foi uma honra perceber e reconhecer o quanto era amado por eles. Pude, então, olhar para todos e falar do orgulho que eu tinha de ser mãe do meu filho, e das qualidades que ele tinha e que eu admirava tanto. Disse a eles também que seguissem em frente, que fizessem esforços para conquistar seus sonhos, porque meu filho havia desencarnado tendo realizado tudo o que quis, tudo o que ele havia planejado até ali. Ele era determinado e muito disciplinado.

Então, quando terminei de falar, pensei: "Não é que eu consegui até falar?"

Foi assim que percebi que, à medida que me abria para a circunstância, para o enfrentamento da circunstância, uma força vinha, e do tamanho justo: nem menos, nem mais.

Depois dessa experiência, já não digo mais "Não vou aguentar!" Digo: "Vou ver se vai dar!" E vou. Então, no encontro com seja lá o que for que tenho que enfrentar, posso afirmar se aguento ou não.

A vontade de um Espírito não antecede uma experiência. Se diante dos desafios que enfrentamos na vida tivéssemos força antecipada, qual seria a função do desafio, então? Essa é a finalidade do desafio: fortalecer nossas almas a fim de enfrentarmos outros desafios maiores, que nos permitem maior desenvolvimento.

Se assim pudermos proceder em nossa vida, será mais fácil guiar nossos filhos para que eles conquistem a força própria. Precisamos ter coragem para não usar da superproteção que os enfraquece em nome do amor. Precisamos permitir que nossos filhos experimentem os desafios da vida para que a fortaleza moral deles possa nascer desse encontro. Nossa tarefa é aconselhar, orientar, mas é preciso deixá-los ir. Sei que deixar ir é difícil para os pais, porque conhecemos tantos caminhos e sabemos dos perigos. Queremos que nossos filhos não sofram, mas tenho compreendido que é mesmo na travessia do sofrimento que a alma se engrandece. Não é que no amor isso também não se dê, mas o amadurecimento provém de nossas ignorâncias. E mergulhados na ignorância de nós mesmos, nos lançamos em caminhos difíceis, mas necessários.

Se desafios são necessários, não podemos deixar de reproduzir aqui as palavras da espiritualidade em resposta à pergunta de Kardec sobre qual é a missão de um Espírito protetor:

> A de um pai com relação aos filhos; a de guiar o seu protegido pela senda do bem, auxiliá-lo com seus conselhos, consolá-lo nas suas aflições, levantar-lhe o ânimo nas provas da vida.[21]

5. A *vida não acontece no controle;* *a vida acontece no fluxo*

Quando habitamos nosso lugar no mundo, sentimos que tudo flui. Nesses momentos, existimos em um fluxo de vida, de energia e de amor divino, como se estivéssemos sob uma nascente que jorra água incessantemente. Podemos viver sob esse fluxo da água e entrar em sintonia com o Universo. Entretanto, podemos também nos afastar desse fluxo e começar a sentir ressecamento no viver. Penso que a fé é justamente isso: a conexão com esse fluxo da vida.

---

21. Allan Kardec. *O livro dos Espíritos*. Trad. Guillon Ribeiro. 93. ed. Brasília: FEB, 2022. [item 491]

Quando estamos fora do fluxo, passamos a receber pouca água, e é assim que começamos a duvidar da existência e da assistência de Deus, e também do sentido de viver. É interessante pensar que Deus não deixou de existir, e nem a ajuda divina deixou de ocorrer. Nós é que nos afastamos desse fluxo amoroso.

Então, quando queremos controlar o viver, quando desejamos que a vida seja somente do nosso jeito, nos afastamos gradativamente do fluxo, da energia, de Deus. Isso ocorre porque queremos evitar todo e qualquer sofrimento; é como se estar no controle nos protegesse completamente de sentir dor na vida. Quanta ilusão! Quanto mais rígidos somos nesse desejo, mais diminui nossa resistência, e ficamos com poucas condições de aguentar qualquer imprevisto. Nessas horas, nos sentimos tão desprotegidos que nosso comportamento se torna quase infantil, pois ficamos de cara feia, queixosos, emburrados.

Vamos retomar o que os Espíritos nos informam. Embora haja planejamento reencarnatório – e veja, há um bom planejamento reencarnatório antes de chegarmos aqui, neste planeta –, esse planejamento não é uma determinação. Como em um GPS, reencarnamos com várias rotas possíveis. Aqui, entra em jogo o livre-arbítrio, tanto o nosso quanto o dos outros; aí é que reside o grande segredo. Quando planejamos, não temos como garantir o modo como os outros farão uso da liberdade que têm. Na verdade, não temos garantia nem de como usaremos a nossa! Existem muitos imprevistos, e escolhemos as rotas mais longas em detrimento das curtas, mas é justamente diante dos imprevistos que surge a capacidade de criar, de replanejar, de desenvolver flexibilidade.

Aqui também existe a possibilidade de a fraternidade ser exercida, pois precisaremos muito uns dos outros para cuidar do imprevisível. Quantas maravilhas entram em jogo no decorrer da execução do planejamento reencarnatório! É assim: existe um planejamento macro, mas como cada experiência nossa vai se dar exatamente dependerá de muitas coisas que estão fora do nosso controle.

Léon Denis esclarece:

> O livre-arbítrio, a livre vontade do Espírito exerce-se principalmente na hora das reencarnações. [...] O futuro aparece-lhe então, não em seus pormenores, mas em seus traços mais salientes, isto é, na medida em que esse futuro é a resultante de atos anteriores.[22]

Precisamos entender que a vida acontece tal como deve ser e que temos de entrar em sintonia com o fluxo divino, por nossa causa. Isso significa expressar um estado de alma em nosso coração que seria como dizer: "Sim, Senhor! Seja feita a Vossa vontade!" Seria como entrar novamente no fluxo divino, e, ao estar em sintonia com

---

22. Léon Denis. *O problema do ser, do destino e da dor.* 32. ed. Brasília: FEB, 2017. [cap. XXII, p. 322]

ele, termos força, sentirmos a assistência espiritual para podermos aguentar os eventos da nossa vida.

Quando internamente dizemos *não* ao que nos acontece, ficamos mergulhados na raiva, na revolta. Essa recusa, esse estado de espírito, nos retira da conexão espiritual. Não é que não exista apoio; nós é que recusamos o apoio espiritual. Concordar não significa gostar do que está acontecendo, é simplesmente parar de bater os pés.

Há muitas coisas que não sabemos por que acontecem conosco. Mesmo não sabendo, podemos entender que há algo muito maior por trás de tudo, que esse é o mistério da Vida, que nos transcende. Como querer controlar algo maior do que nós mesmos? Há finalidades espirituais que ainda não temos condições de compreender. O que podemos fazer, então, nesse momento? Podemos fortalecer nossa fé, pois tempos de neblina requerem farol de milha! É o momento de buscar outras possibilidades mais lentas, mais cuidadosas de ser e de agir, enquanto a circunstância não se dissolve. Andar a passos rápidos causa acidentes, por isso, em momentos de tristeza, de inconformação, devemos ser cautelosos conosco, e também com os outros.

Cabe aqui uma diferenciação entre os significados de concordância e de acomodação. Acomodar-se é cruzar os braços, é não mais agir, é morar na resistência; concordar é ficar de braços abertos na ação, é prosseguir porque é o que nos cabe.

Assim, podemos não saber onde isso tudo vai dar, mas é uma postura emocional a de se colocar a caminho.

Ao caminharmos, muitas oportunidades se abrem, e outros horizontes, que antes não eram visíveis, se mostram para nós.

Não sei se já falei sobre isso, mas estamos metaforicamente em uma excursão, e é uma excursão tão demorada que, na maioria das vezes, esquecemos que estamos em uma viagem, com começo e fim. Ao voltarmos para casa, nos daremos conta do quanto aprendemos nessa viagem, do quanto pudemos ser felizes, tristes e fortes, e de quantas alegrias fomos capazes de compartilhar.

O destino é o mesmo para todos nós. A casa do Pai é a mesma e lá cabem todos os seus filhos. Mas o modo como cada um fez seu caminho de volta para casa é mérito pessoal. Portanto, enquanto isso, é importante começarmos a nos preocupar com as nossas malas. Mala pesada demais atrapalha; esses pesos que levamos da vida material são completamente inúteis para viver como desencarnados. O melhor é levarmos uma mala leve, a mais leve possível, aquela que não tem mágoas nem ressentimentos. Precisamos levar uma bagagem a mais rica possível, ou seja: aquela que não pesa e que guarda, na verdade, as nossas aquisições morais, os amores que conseguimos angariar, os afetos eternos que costuramos e tecemos aqui com o nosso coração. Assim, desencarnaremos leves!

É maravilhoso voltarmos para casa leves de nossa excursão.

Valeu a pena! É assim que precisamos desencarnar! Valeu muito a pena! Gratidão, eu faria tudo de novo! Creio que é isso que podemos falar em nossas preces aos nossos entes queridos: "Meu filho, eu faria de novo. Faria tudo outra vez, e não mudaria um pingo, uma letra sequer, porque valeu muito a pena ser sua mãe! Que a gente se encontre de novo! Quem sabe estaremos na próxima família juntos?"

5.1. Pequenos fatos cotidianos

Durante a convivência com meu filho, como toda mãe, de vez em quando eu ficava muito brava com ele, muito mesmo. E não é que, mesmo ele já estando desencarnado, eu ainda fico brava com ele? Quando me sinto assim, retiro as fotos todas que estão em nossa parede ou no aparador. E quando faço as pazes, quando "fico de bem", boto as fotos todas de volta. O povo lá de casa já sabe, e secretamente acho que até riem de mim, pois é um tal de tira foto e bota foto de volta incrível.

Essa é uma maneira, entre outras, que eu tenho de poder dar vazão aos meus sentimentos, cuidar dos meus sonhos mortos. As pessoas em luto são mesmo assim; há uma instabilidade emocional das grandes. Somos capazes de rir e de chorar ao mesmo tempo, capazes de mergulhar em sonos profundos e emergir com grandes insônias. Temos dúvidas a respeito de nós mesmos e do mundo, que contrastam com momentos de entrega sem razão. Esse é um ponto delicado na convivência, pois todo o entorno aguarda a estabilidade, espera que sejamos como éramos antes da tempestade chegar. É impossível voltar a ser quem éramos antes de nossos amores partirem. Nunca mais seremos os mesmos, e isso é mesmo bom, porque nosso olhar para a vida agora tem mais esse viés, de valorização dos afetos. Embora agora sejamos acometidos com frequência pelo medo enorme de que todos possam morrer a qualquer momento, essa talvez seja a verdade mais cristalina do viver. Mas bem que o medo poderia ficar de fora para que essa verdade pudesse tornar nossas relações mais profundas e mais amorosas, porque o tempo finito nos empurra para o essencial.

Pois bem, certo dia fui fazer uma palestra na cidade de Santos, no estado de São Paulo, e, na véspera, liguei para o meu filho do meio. Ele perguntou:

— Como é que estão as coisas?

Disse assim, como se fosse algo trivial. Ele resolveu morar sozinho, então, também estamos nessa despedida. A casa diminuiu drasticamente de tamanho. Tínhamos dois filhos morando conosco e, meses depois do falecimento do Bruno, meu outro filho decidiu morar com amigos. Nossa casa ficou cheia de memórias e vazia de filhos. Que travessia necessária é o luto. Muitos outros assuntos se entrelaçam àquela despedida. Na verdade, não estamos lidando somente com aquela morte. Muitas outras mortes vão acontecendo ao mesmo tempo. Há que se dar tempo para poder viver temporariamente um certo caos emocional para que, em seguida, possamos refazer o sentido de viver de um modo mais enxuto, essencial e mais próximo do que somos e queremos viver dali para a frente.

Voltando para o telefonema do meu filho do meio:

— Mãe, vou pular de paraquedas amanhã cedo!

Quando ele me disse de modo tão simples que iria pular de paraquedas, fiquei muito brava com ele.

— Você não devia me contar isso! Eu não vou ficar com paz de espírito! Um filho já foi para o mundo espiritual e você resolve saltar de paraquedas?

Então, ele respondeu:

— Mas, mãe, não vai acontecer nada de errado, é seguro, não fique preocupada!

— Eu também achava que não ia acontecer nada com o seu irmão, e ele viajou e não voltou! Então, meu filho, não me fale que não vai acontecer nada! Tem gente que desencarna de paraquedas! Meu filho, tem gente que morre atravessando a rua. Não se pede isso para uma mãe, "Não fique preocupada!" Não existe essa possibilidade. Mãe, quando nasce, já nasce preocupada.

Fiquei muito brava com ele, completamente brava. Como conseguiria dormir?!? Já imaginava meu filho saltando de paraquedas, caindo, morrendo, e eu de novo enterrando mais um filho. Resolvi mandar uma mensagem para ele: "Você faça o favor de só me escrever quando botar o pé no chão. Antes, não me escreva!" Aí ele me respondeu assim: "Oi, mãe! Posso mandar o vídeo?" E eu: "Nem pensar! Não quero ver vídeo, não quero ver foto, não quero, entendeu?"

Mais tarde, recebi uma mensagem dele: "Pousei!"

Quando cheguei ao Rio de Janeiro, fui me encontrar com ele, mas com uma raiva daquelas. E, ao mesmo tempo, feliz de vê-lo. Essa mistura, essa junção de sentimentos, essa bagunça no nosso coração, no fundo ela é boa. É o que faz a nossa alma tecer com mais flexibilidade as coisas do coração. Precisamos poder transitar entre várias emoções, sair do congelamento, da fixidez das imagens difíceis do luto para que possam transitar muitas emoções pelo nosso coração, para que ele fique saudável. Isso é bom para todos nós.

Todos podemos morrer, mas, enquanto isso não acontece, que tal vivermos?

—

Era uma tarde solitária quando decidi arrumar o quarto do meu filho.

Foram arrumações em vários níveis: no espaço físico, na minha alma, no meu corpo, nos meus pensamentos, nos sonhos... Não sei quanto tempo levei, mas, ao mesmo tempo que foi doloroso, também trouxe alívio. Fui me encontrando com aquele filho no cheiro das roupas e no modo como tudo estava arrumado por ele. É impressionante como as coisas ficam impregnadas da nossa energia. Tocar as roupas era também tocá-lo. Talvez seja por isso que muitas famílias demoram a se desfazer das coisas dos entes queridos que se foram. Parece que nos despedimos de novo quando as sacolas saem do quarto; não vamos mais ver aquelas camisas, aquelas calças ou aqueles sapatos. Temos certeza de que aquela pessoa não vai mais voltar para aquele cômodo, nem vai mais usar tudo aquilo que ficou. Esse é um momento de choro importante, porque acompanha um dar-se conta da realidade de que tanto queremos nos afastar. Muitas lembranças nos visitam: aquele dia em que a pessoa se vestiu de uma certa forma, a roupa de que mais gostava, a que nunca usou mas guardou para um-dia-quem-sabe... Enfim.

Nessa tarde, descobri uma coisa incrível: ao esvaziar o guarda-roupa, percebi que ele estava todo organizado com base em uma certa lógica. Havia uma roupa bonita especial, de determinadas marca e cor, e havia uma para cada tipo de evento: festas, carnaval, baladas, faculdade, futebol, de ficar casa etc. Percebi, em um pequeno instante, o quanto ele era organizado. E que ele sabia o que era essencial para si mesmo. Tenho quase 60 anos, e, o essencial do meu armário, ainda não sei qual é.

Ao arrumar o armário dele, descobri que eu precisava arrumar o meu. E, por extensão, a morte dele me lembrou da possibilidade da minha, a qualquer momento. "Preciso facilitar as coisas; assim, quando eu morrer, minha família não sofrerá tanto para arrumar o meu quarto", pensei.

Depois vieram os livros, os documentos dele... Tudo tão simples e essencial. Só agradeci. Dessa forma, a dor não foi tão grande quanto poderia ter sido se eu tivesse um caos para organizar. Obrigada, filhão, mais à frente nos encontraremos!

Essa arrumação me deu vontade de mudar de casa, de morar em um apartamento menor, com menos coisas, com menos necessidades. Podemos diminuir o peso da nossa bagagem sem tanta dor.

Um ano depois, fizemos a mudança. Hoje moramos em uma casa menor.

6. A culpa é um jeito de não vivermos o presente e ficarmos juntos de quem morreu

Diversas vezes me veio o pensamento de que ele havia decidido viajar e eu não impedi que ele fosse. Alguma coisa me dizia que, naquela viagem, havia algo que não estava certo. "Deveria ter impedido que ele fosse. Deveria ter. Por que não fiz isso?" Eu voltava a esse filme inúmeras vezes: "Mas por que eu não o impedi de viajar? Por que deixei ele sair de casa?"

Contando isso a um amigo, ele me perguntou algo essencial: para que você está fazendo isso?

Fui percebendo que voltar para trás no tempo e no pensamento e me culpar era um jeito de não habitar o presente, de não sentir o vazio do presente, e de me afastar da tristeza da casa, que era só silêncio.

Então, eu me agarrava a memórias, imaginações do que eu poderia ter feito, dito.

Hoje, entendo melhor que ficar retroagindo a memória, mergulhar em "deverias", é um jeito de não deixarmos a vida continuar. É uma espécie de truque que usamos para estar junto de quem morreu, pois ficamos encharcados das memórias do tempo em que eles ainda estavam vivos. No "deveria", temos a ilusão de nos localizarmos antes daquela morte. Só que há um problema: esse é um truque que não dá certo, porque em vez de nos aproximarmos de verdade, estamos ali só em pensamento, e de modo obsessivo.

Esse comportamento nos afasta muito dos nossos entes queridos, porque, para o Espírito desencarnado, o que os aflige são as nossas dores, os nossos remorsos e assim por diante. Então, a melhor maneira de ficarmos juntos não é pelo que poderia ter sido, mas, sim, pelo que efetivamente foi vivido; é poder lembrar as gargalhadas que demos, os momentos felizes, e assim nos alegrarmos porque o que vivemos juntos valeu a pena.

7. *Quando somos acometidos por um sofrimento grande, corremos o risco de querer nos tornar especiais por meio da dor, que vira um troféu*

Nosso pensamento é formado por ondas eletromagnéticas que emitimos, exatamente como as ondas das estações de rádio ou como o sinal do celular. Assim, estamos em sintonia constante com pessoas que vibram na mesma frequência que nós, e a emissão será mais intensa quanto mais forte forem nossos vínculos com essas pessoas.

A questão principal é que tipo de pensamento dá o tom da nossa psicosfera. Esta é uma espécie de "atmosfera individual", ou seja, o clima espiritual que mantemos imantados, dia e noite. Assim, a qualidade das sintonias que comporão nossa psicosfera depende do clima espiritual que escolhemos cultivar. Nossa saúde espiritual, emocional e física depende do teor dos pensamentos que mantemos.

Quando consideramos que nosso sofrimento é o maior do mundo, que ninguém sofre tanto quanto nós, que somos guerreiros e heroicos porque suportamos uma determinada dor, corremos o risco de nos sentirmos especiais por causa dessa mesma dor. O perigo que esse comportamento traz é fazer com que não nos desgrudemos do sofrimento e formemos uma identidade com ele. Sem espaço entre nós e nosso sofrimento, adoecemos. É nesse ponto que o luto deixa de ser um processo natural da vida para se configurar como um quadro patológico que necessita tratamento médico e terapêutico.

Mais delicada ainda é a situação do desencarnado quando isso acontece conosco. Ao transformarmos o nosso sofrimento em um troféu, dificilmente desejaremos nos desapegar da história que contamos e recontamos para todas as pessoas, e, assim, o desencarnado fica imantado, aprisionado nesse processo que se torna obsessivo. Nessa situação, pouca chance o desencarnado tem de se libertar, de melhorar, de seguir seu caminho no mundo espiritual. Inicia-se, assim, um processo mútuo de retroalimentação do sofrimento.

8. Trabalhar no bem é fundamental para nos curarmos

Quando vivenciamos um sofrimento muito intenso, não há espaço entre nós e os acontecimentos. Nessa intensidade, temos "pouco ar", nos sentimos sufocados com tanta dor que sentimos. Há pouca chance de recebermos ajuda pelo fechamento que se dá em nossas almas, como se estivéssemos de portas fechadas para qualquer tipo de melhora.

Para que a Espiritualidade Maior tenha condição de agir, de nos ajudar, precisamos criar algum tipo de distância, mesmo que pequena, entre nós e a dor. Se isso acontecer, os Espíritos terão a chance de nos intuir, nos aconselhar, trazer até nós os fluidos benéficos que nos permitirão restaurar nossa saúde. Um dos caminhos mais eficazes para essa abertura se dar é o trabalho do bem em favor de alguém.

Vejamos um exemplo metafórico.

Imagine que alguém toque a campainha da sua casa para lhe pedir pão. Se você estiver sofrendo muito e disser: "Eu não vou abrir a porta!", você terá escolhido ficar agarrado ao seu sofrimento. Mas se você, em um segundo, decidir andar até a porta, abri-la e oferecer o pão para aquele que o pediu, nesse instante (ao abrir a porta) você terá aberto a sua vida para a espiritualidade entrar...

Sim, você, de algum modo, perceberá que algo de muito bom entrou pela porta, pelo simples fato de ter oferecido o pão!

Logo depois de a pessoa ir embora, algo diferente acontecerá. Você terá uma ideia de fazer alguma coisa, você terá vontade de ligar para um amigo, de molhar as plantas, enfim, uma pequena vontade de agir nascerá e o bem-estar chegará devagarinho. Uma pequena ação enseja uma ação seguinte, e, no fim de algumas horas, nosso ânimo já será outro. Por vezes, teremos vontade de repetir essa experiência tão rápida e positiva e, assim, progressivamente, realizaremos o trabalho do bem e nos tornaremos capazes de nos curarmos.

É por isso que o espiritismo afirma que "fora da caridade não há salvação". De que salvação os Espíritos estão falando? Da salvação de si mesmo! Da salvação dos sofrimentos que criamos, desses sofrimentos tão intensos. Praticar a caridade é abrir a porta!

É por isso que Francisco de Assis dizia: "É dando que se recebe". Não quer dizer que damos pão para ganhar pão! Quer dizer que, quando doamos, criamos condições para sermos ajudados, abrimos a porta para que a espiritualidade possa nos oferecer a força de que precisamos. É uma questão de sintonia espiritual, de vibração, de frequência. Como o sol entrará em nossa casa se nossa veneziana estiver fechada?

O trabalho do bem nos dá força para continuarmos de maneira que tenhamos condições de lidar com nosso sofrimento. É esse o sentido das palavras de Jesus:

Pedi e vos será dado; buscai e encontrareis; batei e será aberto para vós. Pois todo aquele que pede recebe, e aquele que busca encontra, e ao que bate será aberto.[23]

Eu costumava sentir, às vezes, que havia essa mão que segurava o meu coração, os meus sentimentos. E, com essa sensação, vinha uma força que me permitia respirar profundamente. Então, "essas mãos" que sentimos são as mãos anônimas dos Espíritos amigos que conhecem as dores humanas. Também eles fazem o trabalho do bem em nossa direção. Tudo no Universo é solidário. Para que a ação da espiritualidade possa nos tocar, é

---

23. *Mateus, 7:7–8. O novo testamento.* Trad. Haroldo Dutra Dias. Brasília: FEB, 2013.

preciso pedir a Deus, e, certamente, nosso Pai que nos ama virá em nossa direção, como Jesus nos disse:

> Qual dentre vós é o homem que, pedindo-lhe pão o seu filho, lhe dará uma pedra? Ou, pedindo-lhe peixe, lhe dará uma serpente? Portanto, se vós, sabeis dar boas dádivas aos vossos filhos, quanto mais vosso Pai, que está nos céus, dará boas coisas aos que lhe pedem.[24]

9. A espiritualidade está junto o tempo todo, mas confia na nossa capacidade de caminhar

A todos nós cabe andar com nossos próprios pés e chegarmos ao fim da travessia do luto. É uma caminhada acompanhada, no nosso ritmo e à nossa maneira. Enfrentaremos dificuldades que fortalecerão nossa alma se decidirmos continuar no caminho do crescimento. Os amigos espirituais nos estimulam a dar sempre o próximo passo e nunca retiram as dificuldades para que não nos tornemos crianças espirituais:

> [...] os Espíritos não vêm isentar o homem da lei do trabalho: vêm unicamente mostrar-lhe a meta que lhe cumpre atingir e o caminho que a ela conduz, dizendo-lhe: Anda e chegarás. Toparás com pedras; olha e

---

24. *Mateus, 7:9–11. O novo testamento.* Trad. Haroldo Dutra Dias. Brasília: FEB, 2013.

afasta-as tu mesmo. Nós te daremos a força necessária, se a quiseres empregar.[25]

A espiritualidade nos trata como adultos espirituais. Um bom exemplo disso aparece no *Evangelho*, quando João[26] descreve a ressurreição de Lázaro. Ao encontrar as irmãs Marta e Maria, quatro dias após a morte de Lázaro, Jesus chega à gruta em que estava o corpo do homem. Na entrada da gruta havia uma pedra, e então Ele diz: "Removam a pedra." Conhecendo o poder de Jesus, não seria lógico que Ele conseguisse atravessar a pedra e entrar na gruta? Qual foi o sentido de pedir que removessem a pedra?

Jesus estava ensinando, naquele instante, que em todos os desafios da vida é preciso que nos ajudemos, para que o céu nos auxilie. Em toda assistência espiritual há um espaço que nos pertence, a fim de que possamos nos transformar em adultos, e uma outra parte, que se estende para além de nós, que pertence a Deus, a fim de que não nos tornemos arrogantes. Se nossos Espíritos protetores fizessem tudo por nós e não fizéssemos a nossa parte, não perceberíamos nem criaríamos a nossa força

---

25. Allan Kardec. *O Evangelho segundo o espiritismo*. Trad. Guillon Ribeiro. 120. ed. Brasília: FEB, 2022. [cap. XXV, item 4]

26. *João*, 11:1–44. *O novo testamento*. Trad. Haroldo Dutra Dias. Brasília: FEB, 2013.

própria. É assim que fortalecemos nossa fé: habitando o lugar de filhos de Deus.

Quando estamos de luto, por mais lentamente que seja, precisamos caminhar. Se não caminhamos, não oferecemos condições de sermos ajudados.

Quando a criança começa a engatinhar, se ela não se colocar de pé sozinha, apoiando-se no sofá, não conseguirá avançar para as etapas seguintes do seu desenvolvimento, que é andar, correr etc. Se toda hora a segurarmos, não haverá possibilidade de os músculos das pernas e dos braços criarem sustentação para o desenvolvimento motor. Com os primeiros passinhos virão muitas quedas. Será preciso segurar nossa ansiedade e esperar que ela faça movimentos de tentativas primeiro; dessa forma, mostramos a ela que confiamos em sua força de se levantar. Se não agirmos assim, a criança entenderá que deve ficar sentadinha, esperando o adulto segurá-la.

É exatamente isso que a espiritualidade faz conosco: os Espíritos amigos esperam que possamos agir como os adultos que somos, dotados de livre-arbítrio. O interessante é que, justamente por sermos livres, podemos nos esquecer disso e deixarmos de agir. Podemos ficar à espera, ressentidos, paralisados, esquecidos das nossas possibilidades, esquecidos de que somos Espíritos responsáveis pelo nosso processo de desenvolvimento espiritual.

Por isso, Paulo de Tarso disse: "Desperta ó tu que dormes! [...] andai não como néscios, e sim como sábios".[27] É que podemos viver imersos em um sono consciencial, em um sono da nossa responsabilidade, e viver como néscios, completamente ignorantes e afastados de nossa essência e da finalidade de nossas vidas. Somos néscios quando vivemos totalmente tomados pela vida material, apegados, aflitos e com medo da escassez, esquecidos de que estamos aqui de passagem para conquistar desenvolvimento espiritual.

Precisamos acordar do sono de achar que os filhos são nossos, que os nossos entes queridos são nossos. Ninguém é propriedade de ninguém. Estamos aqui juntos, reunidos, para darmos passos rumo à felicidade. Assim, nossos pais, eu, você, todos somos irmãos em aprendizado. A data de ida e de chegada de cada um não pertence a nós; é preciso que lembremos disso e entendamos que tudo faz parte, está tudo certo como é. É incrível ser esse o primeiro despertar de que precisamos: tudo o que nos acontece requer integração em nossas almas.

Assim, vivemos vários ciclos: reencarnar, desencarnar, reencarnar, desencarnar... Até que não seja mais necessário voltar. Enquanto isso, a vida material é uma grande professora que nos auxilia no aprendizado dos limites. Por exemplo: lidar com dinheiro, que nos ensina

---

27. *Efésios, 5:14–15. O novo testamento.* Trad. João Ferreira de Almeida. 78. ed. São Paulo: SBB, 2008.

sobre o necessário e o supérfluo, cuidar da alimentação com limites, para não escorregarmos na obesidade nem na anorexia, enfim, são aprendizados da vida corpórea que só se dão porque temos um corpo físico provisório.

Nossos laços provisórios de mãe, pai, filho, irmão etc. também nos ajudam a conquistar o desapego afetivo, tanto nos laços difíceis quanto nos mais fáceis. É interessante como temos em família de tudo um pouco: relações mais complicadas e relações mais leves; convivemos com o engraçado, o ciumento, o pão-duro, o adoecido; enfim, nosso álbum de família é composto de diversidade, de figurinhas diferentes, pois "figurinha repetida não completa álbum", não é?

Gostaríamos que nossas relações familiares fossem perfeitas, tranquilas, sem turbulência. Por enquanto, não é isso o que acontece, e nem deve ser esse tipo de relação "sem defeitos" o nosso objetivo no viver. Aqui, ainda não é o reino da felicidade, como Jesus bem nos disse: a felicidade não é deste mundo. Porém, já estamos conquistando muitos passos nessa direção. Só não dá para querer resultados aqui e agora. Se enxergarmos a beleza da nossa vida tal como ela se apresenta, poderemos nos surpreender. A vida nos surpreende.

A vida não é mesmo como queríamos que fosse, e, de certa forma, ainda bem que não. Ela é a vida que precisamos ter. Que assim seja!

Embora o luto possa parecer um processo que nos distancia do mundo, também pode ser o que mais nos aproxima da essência da existência. E exatamente por isso pode trazer consigo uma beleza oculta, pois nos retira da distração em que muitas vezes consiste o nosso existir, e nos convida a valorizar nosso modo de viver. Viver como mortais nos convida a responder diariamente ao para quê de estarmos vivos e o que queremos fazer de nossa vida enquanto ela durar.

capítulo 4
aprendendo a cuidar de si mesmo

Jesus era seguido por uma multidão formada de pessoas que se sentiam atraídas por Ele, acolhidas pela palavra d'Ele, e que ficavam profundamente tocadas pelo que Ele tinha a dizer. A cada cidade que Jesus ia, inúmeras pessoas, às vezes de outros lugares, ficavam junto ao Mestre para ouvi-lo falar, para receber seu olhar, e se sentiam muito consoladas. No entanto, também existiam aquelas pessoas que não se sentiam tocadas pela palavra do Mestre; elas seriam as alheias, distantes da multidão.

Além dos discípulos, que não se separavam daquela convivência transformadora, havia também outros grupos de pessoas que acabavam tendo um contato importante com Jesus. Um deles era aquele formado por pessoas que eram curadas por Ele. Sabemos da existência de uma parte desse grupo porque muitas das curas foram narradas pelos evangelistas. Há um detalhe importante sobre esse grupo: sempre que ocorria uma cura, a pessoa curada apresentava um movimento de *diferenciação da multidão*, o que lhe dava a oportunidade de ter um instante com Ele. O segundo ponto é que todas as curas eram seguidas de uma orientação de Jesus para que resistissem aos velhos modos de agir e dessem um passo novo em suas vidas.

Podemos ver que há nessas curas a confirmação das palavras "buscai e achareis",[28] pois todo aquele que foi ao encontro de Jesus nunca mais voltou a ser o mesmo. Todos os que foram cuidados por Jesus receberam seu olhar protetor e compassivo. Mas Jesus deixava com eles a parte que lhes cabia cuidar, ou seja, o *cuidado de si*, aquele sem o qual nenhuma cura se efetiva. Por isso, Jesus, ao final, sempre deixava uma recomendação de autocuidado para cada um.

Antes de tentarmos ver esse autocuidado em nossas experiências cotidianas, vamos olhar para os exemplos de cura que são relatados no *Evangelho* e para os dois movimentos curativos, para melhor compreensão.

---

28. "Pedi e vos será dado; buscai e encontrareis; batei e será aberto para vós. Pois todo aquele que pede recebe, e aquele que busca encontra, e ao que bate será aberto. Qual dentre vós é o homem que, pedindo-lhe pão o seu filho, lhe dará uma pedra? Ou, pedindo-lhe peixe, lhe dará uma serpente? Portanto, se vós, sendo maus, sabeis dar boas dádivas aos vossos filhos, quanto mais vosso Pai que está nos céus dará boas coisas aos que lhe pedem." (*Mateus*, 7:7-11. *O novo testamento*. Trad. Haroldo Dutra Dias. Brasília: FEB, 2013.)

Na cura dos dez leprosos[29] que foram pedir a Jesus que os tornasse limpos, somente um voltou para agradecer pela cura. Então, esse um se diferenciou do grupo. Ele se prostou aos pés de Jesus, aberto e pequeno, para agradecer. Porque aquele que agradece admite que recebeu e, para isso, um estado de humildade é necessário. Não é que Jesus precisasse do agradecimento, mas a postura de gratidão diante da graça recebida tornou essa graça plena, efetiva. Em seguida, o Mestre o orientou a se levantar e a seguir, ancorado em sua própria fé.

---

29. "E aconteceu que, ao partir para Jerusalém, ele passava pelo meio da Samaria e da Galileia. E, ao entrar em certa aldeia, vieram ao encontro dele dez varões leprosos, que pararam a distância. Eles levantaram a voz: Jesus, Comandante, tem misericórdia de nós! Ao vê-lo, disse-lhes: Ide e mostrai-vos ao sacerdotes. E sucedeu que, ao saírem, foram purificados. E um deles, vendo que estava curado, retornou glorificando a Deus em alta voz. E prosternou-se aos pés dele, rendendo-lhe graças; ele era samaritano. Em resposta, disse-lhe Jesus: Não foram purificados dez? Onde estão os nove? Não se encontrou ninguém que voltasse para dar glória a Deus, senão este estrangeiro? E disse-lhe: Levanta-te e vai; a tua fé te salvou." (*Lucas*, 17:11–19. *O novo testamento*. Trad. Haroldo Dutra Dias. Brasília: FEB, 2013.)

"Levantar-se", aqui, tem o significado de "renascer",[30] pois, curado da lepra, o homem poderia retomar sua identidade de cidadão novamente. É uma recomendação para desapegar-se da identidade doentia (vitimização, fraqueza, dependência etc.) e nascer para uma vida sã.

Há também o episódio do cego de Betsaida,[31] que, ao ser levado ao encontro com Jesus, segura nas mãos Dele para ser curado; e esse foi o seu movimento de diferenciação: abertura e confiança, dar as mãos, entregar-se ao possível. E, após recuperar a visão do homem, Jesus

---

30. Em nota ao versículo de *Lucas*, 24:34, o tradutor explica que "levantar-se" é um termo utilizado para referir-se à "ressurreição". (*O novo testamento*. Trad. Haroldo Dutra Dias. Brasília: FEB, 2013.)

31. "Dirigem-se a Betsaida; trazem-lhe um cego, rogando-lhe que o tocasse. Segurando a mão do cego, levou-o para fora da aldeia; e, cuspindo-lhe nos olhos e impondo-lhe as mãos, perguntava-lhe: Vês alguma coisa? Recobrando a visão, dizia: Vejo os homens, porque vejo como árvores que andam. Então, novamente impôs as mãos sobre os seus olhos; ele viu em profundidade e restabeleceu-se; e via pormenorizadamente com clareza a todos. E o enviou para casa, dizendo: Não entres na aldeia." (*Marcos*, 8:22–26. *O novo testamento*. Trad. Haroldo Dutra Dias. Brasília: FEB, 2013.)

o orientou a não mais voltar à aldeia, e, sim, para casa, ou seja, a fazer uma mudança na rota da vida.

Há também a passagem do cego de Jericó.[32] O homem cego percebe a multidão chegando e fica à beira da estrada, clamando o nome de Jesus. Até que Ele o atendeu e o curou. Não só o homem fez o movimento de chamar por Jesus na multidão, mas também retirou a capa que o autorizava a ser um pedinte no caminho, ou seja, houve uma renúncia à identidade anterior. E Jesus também o orientou em dois momentos: afinando o seu querer e depois, quando o incentivou a seguir sustentado em sua fé.

---

32. "Dirigem-se a Jericó. Saindo de Jericó, ele, os seus discípulos e uma considerável turba, Bartimeu, o filho de Timeu, cego pedinte estava sentado à beira do caminho. Ao ouvir que era Jesus, o Nazareno, começou a gritar e dizer: Jesus, filho de Davi, tem misericórdia de mim! Jesus, parando, disse: Chamai-o. E chamam o cego, dizendo-lhe: Anima-te, ergue-te! Ele te chama! Ele, lançando fora o manto, saltando, foi até Jesus. Em resposta a ele, Jesus disse: Que queres que eu faça? O cego lhe disse: Rabbuni, que eu volte a ver. Jesus disse: Vai, a tua fé te salvou. E, imediatamente, voltou a ver, e o seguia pelo caminho." (*Marcos*, 10:46–52. *O novo testamento*. Trad. Haroldo Dutra Dias. Brasília: FEB, 2013.)

Há a passagem em que Zaqueu[33] sobe em uma árvore para ver Jesus. Ele também se destacou da multidão para conseguir ser visto pelo Mestre, o que também o fez ver sua vida de cobrador de impostos por outro ângulo. Podemos inferir que foi um movimento que representou sair da materialidade do mundo e subir, aproximar-se dos bens espirituais. A diferenciação da multidão se deu quando Zaqueu subiu na árvore, mas a diferenciação de si mesmo ocorreu quando ele se dispôs a doar metade dos seus bens e a restituir em quádruplo qualquer lesão que tivesse causado a alguém. No encontro, Jesus lhe anuncia a sua inclusão ("És filho") e essa é a cura, pois, viver e sentir-se excluído do amor de Deus nos adoece, pois nos retira do sentimento de fraternidade que nos alimenta a saúde.

Por último, cito a passagem da hemorroíssa,[34] que se esforça para atravessar a multidão e, em silêncio, toca as

---

33. *Lucas*, 19:1–10. *O novo testamento*. Trad. Haroldo Dutra Dias. Brasília: FEB, 2013.

34. "E uma mulher, que estava com um fluxo de sangue por doze anos a qual, tendo gasto toda subsistência com médicos, não pode ser curada por ninguém. Aproximando-se por trás, tocou na orla da sua veste, e logo estancou o seu fluxo de sangue. Disse Jesus: quem me tocou? Negando todos, disse Pedro: Comandante, as turbas te comprimem e espremem. Disse Jesus: alguém me tocou, porque eu percebi um poder que saiu de mim. Vendo a mulher que não se

vestes de Jesus. Nesse movimento, foi profundamente percebida por Ele. Ela não se ocultou, mas se lançou diante Dele e reconheceu a cura em público. E Jesus reafirmou sua fé e a encorajou a ir em paz. Esse lançar--se, prosternar-se, é um gesto de profundo respeito e de abertura para receber. Aquele que quer verdadeiramente se curar precisa renunciar a todas as defesas que a dúvida promove, e ao medo que afasta. Nosso benfeitor Emmanuel nos orienta: "Em teus atos de fé e esperança, não permitas que a dúvida se interponha, como sombra, entre a tua necessidade e o poder do Senhor."[35]

Por tudo isso, podemos ver que, de tempos em tempos, temos a possibilidade de buscar a cura com um passo necessário de diferenciação da multidão, seja ela interna, seja ela externa.

Sair da "multidão externa" é diferenciar-se do modo como todo mundo vive, do modo como todo mundo faz, ou como o mundo nos condiciona a ter de ser ou ter de lidar. Sair da "multidão interna" é diferenciar-se dos modos viciados de pensar, sentir e agir.

---

ocultara, veio trêmula e, prosternando-se diante dele, relatou, diante de todo o povo, por qual razão tocou nele e como foi curada imediatamente. Disse a ela, filha a tua fé te salvou. Vai em paz!" (*Lucas*, 8:43–48. *O novo testamento*. Trad. Haroldo Dutra Dias. Brasília: FEB, 2013.)

35. Emmanuel [Espírito], Francisco C. Xavier. *Fonte viva*. 37. ed. Brasília: FEB, 2022. [cap. 165, p. 469]

Curar-se tem a ver com diferenciar-se. É fazer um movimento diferente do que viemos fazendo pelo caminho até então. Só assim estaremos prontos para a cura, e, mais ainda, abertos para alcançar a orientação de Jesus, de resistir a voltar a velhos caminhos, a fim de não mais adoecermos, mas rumarmos ao nosso destino venturoso. É hora de despertarmos para um modo melhor de viver, de colocar a mão na massa e seguir, como nos adverte o Cristo: "Ninguém que põe sua mão no arado e olha para as coisas de trás é apto para o Reino de Deus."[36] Sigamos, então!

Já os discípulos de Jesus eram pessoas da multidão que se diferenciavam não mais pela busca da cura, porque então a busca já era outra. Queriam algo mais... Eram tão tocadas pelo que ouviam e por aquilo que aprendiam pela pele da alma. Esses eram os discípulos. O movimento deles era um movimento bastante ousado em relação ao daqueles que se curavam, e em relação ao daqueles que eram da multidão, que dirá então ao daqueles que nem se sentiam tocados.

Por último, falo do grupo dos apóstolos. Estes se diferenciavam dos discípulos e passavam a servir em nome do Cristo. Eram aqueles que tinham uma missão, uma tarefa ou um trabalho a cumprir em nome de Jesus. Eram aqueles que já tinham o *Evangelho* no coração, e que exprimiam esse *Evangelho* em forma

---

36. *Lucas, 9:62. O novo testamento.* Trad. Haroldo Dutra Dias. Brasília: FEB, 2013.

de comportamento, de palavras e de ser. Sentiam uma imensa vontade de compartilhar seu aprendizado, de modo a equilibrar tanta graça recebida em suas vidas. Aspiravam estar à altura do que haviam recebido, o que confirma o "A todo aquele que muito foi dado, muito lhe será requerido",[37] mas não por punição ou condição, mas por justiça e amor.

Todos nós, que estamos aqui neste mundo de provas e expiações, estamos em algum lugar, e somos parte de um desses grupos, ou fazemos parte do grupo que ainda não se sente tocado pela Boa Nova. Pode ser que já nos sintamos tocados por Jesus, mas ainda não tenhamos feito o movimento de cura necessário, que é o movimento de diferenciação. Pode ser que já estejamos no movimento de nos curar e já possamos pagar o preço de fazer diferente, de suportar as consequências das novas ações e tomar a palavra do Cristo como sendo o nosso melhor remédio. Talvez sejamos aquele que está em contato direto com o Cristo para aprender o Seu evangelho pelas fibras da alma. Isso não é um aprendizado intelectual, é um aprendizado do sentimento, do coração. É um aprendizado experiencial. Por isso se fala tanto de testemunho: quando algo se torna uma verdade cristalina para nós, torna-se nosso modo de viver, e isso é testemunho; vivemos sob os critérios de nossas verdades novas. Também pode ser já que estejamos no nível

---

37. *Lucas*, 12:48. *O novo testamento*. Trad. Haroldo Dutra Dias. Brasília: FEB, 2013.

do apostolado, já a serviço do mundo, cumprindo um propósito, cumprindo um chamado, em nome de Jesus, que já está em nosso coração. E isso se transforma no nosso objetivo de viver.

Estamos todos em um processo de progresso, que vai desde um estado que se caracteriza por "não ser tocado, e ser indiferente" até aquele grau máximo de estarmos no mundo à serviço do bem, que tanto nos faz feliz. Porém, se nossa escolha de viver se assemelhar à de um discípulo de Jesus, aquele que emerge da multidão e se torna um aprendiz do *Evangelho*, e desejarmos viver segundo esses princípios, teremos como tarefa imprescindível cuidar de nós mesmos, como diz Emmanuel.[38] O termo *imprescindível* já dá o tom de responsabilidade que essa decisão implica. É também intransferível e inadiável. Então, vamos em frente!

Emmanuel afirma isso baseado nas palavras de Paulo de Tarso em carta a Timóteo,[39] seu discípulo,[40] em que

---

38. Emmanuel [Espírito], Francisco C. Xavier. *Caminho, verdade e vida*. 29. ed. Brasília: FEB, 2018. [cap. 148]
39. *I Timoteo*, 4:16. *O novo testamento*. Trad. João Ferreira de Almeida. 78. ed. São Paulo: SBB, 2008.
40. Em uma das suas viagens, Paulo de Tarso conheceu Timóteo, um jovem com boa liderança e estudioso. Então, Paulo começou a tutelar Timóteo e eles passaram a fazer, juntos, várias viagens. Por meio de cartas, Paulo orientava Timóteo a não se descuidar da sua juventude, pelo fato de ser um trabalhador

lhe pede que tenha cuidado para consigo mesmo. É um conselho de Paulo a Timóteo, e Emmanuel o endereça a todos nós: que cuidemos de nossos dons e que cuidemos de nós mesmos. Por que será imprescindível cuidarmos de nós mesmos?

Em uma outra mensagem, Emmanuel[41] diz que precisamos organizar nosso santuário interior, iluminá-lo. Isso significa que, internamente, na maior parte do tempo, estamos desorganizados. É preciso iluminar porque, sem percebermos, deixamos ficar escurecido esse campo do nosso coração: vamos guardando mágoas, histórias mal resolvidas e feridas abertas. Emmanuel nos diz que é necessário organizar nosso santuário interior e iluminá-lo para que as trevas não nos dominem. Então, podemos começar pela vontade de organizar, de colocar nossa vida em ordem, clareando, identificando, saneando, cuidando! Essa é a ação de autocuidado necessária para que sejamos donos de nossas vidas.

---

do bem. Ele não deveria renunciar aos interesses da mocidade, mas também não deveria se perder nos apelos da juventude. Ele o aconselhava a estabelecer um padrão de ser jovem junto às palavras do Cristo. E recomendava duas coisas importantes: que não fosse negligente com o próprio dom (no caso, o de impor as mãos e curar pessoas) e, principalmente, que cuidasse de si mesmo!

41. Emmanuel [Espírito], Francisco C. Xavier. *Caminho, verdade e vida*. 29. ed. Brasília: FEB, 2018. [cap. 180]

Essas trevas a que Emmanuel se refere não estão fora de nós, a esmo; elas estão dentro de nós. Somos nós que entramos em sintonia com as trevas, com tudo aquilo que não nos faz bem, por afinação. Somos muito suscetíveis a esse tipo de sintonia, porque já temos em nós muitos registros semelhantes – ciúme, inveja, raivas contidas, vinganças, medos... Habitamos no mundo de provas e expiações, onde o mal predomina sobre o bem. Isso diz muito do nosso tempo de amadurecimento; ainda somos imaturos espiritualmente para fazermos frente a esses chamamentos do mundo que nos arrastam para caminhos complicados. Ainda não temos amadurecimento suficiente para dizer com firmeza o tempo todo: "Isso, não! Isso, sim!" Estamos aprendendo ainda a identificar o que nos faz mal. Na maior parte das vezes, ainda nos sentimos muito atraídos por ele,[42] por aquilo que é "mal", que, na verdade, é a ignorância do bem,[43] pois o mal em si mesmo não

---

42. "Porém, os males mais numerosos são os que o homem cria pelos seus vícios, os que provêm do seu orgulho, do seu egoísmo, da sua ambição, da sua cupidez, de seus excessos em tudo." (Allan Kardec. *A gênese*. Trad. Guillon Ribeiro. 53. ed. Brasília: FEB, 2022. [cap. III, item 6])

43. "Pode dizer-se que *o mal é a ausência do bem, como o frio é a ausência do calor. Assim como o frio não é um fluido especial, também o mal não é atributo distinto; um é o negativo do outro.* Onde não existe o bem,

existe: ele é ausência do bem que configura a ignorância, a ausência do conhecimento, do entendimento, a ausência da experiência que nos fortalece e, afinal de contas, é exatamente isso o que nos deixa muito vulneráveis. É o conhecimento que protege nossas almas, porque é o conhecimento vivido que nos abre o olhar para novas escolhas. Enquanto não conseguirmos agir a favor do nosso bem, isso representará necessariamente um mal para nós mesmos. Um exemplo comum disso é a procrastinação.

Teóricos consideram interessante que muitas pessoas que passam por traumas e sofrimentos intensos em suas vidas, pessoas que foram à guerra ou pessoas que sofreram muita violência na infância ou na adolescência, repitam esses padrões de sofrimento. O que os intriga é a razão pela qual elas procuram essas relações lesivas. Por que buscam relacionamentos, circunstâncias, situações que as fazem reviver todas essas dores novamente?

Hipótese um: é possível que as pessoas procurem por essas situações repetidas por sentirem, de alguma forma, que dessa vez há chances de tomarem as rédeas da situação, pois acreditam que poderão decidir de modo diferente. Só que isso não ocorre; na hora, revivem todos os traumas e caem nas mesmas armadilhas novamente. E

---

forçosamente existe o mal." (Allan Kardec. *A gênese*. Trad. Guillon Ribeiro. 53. ed. Brasília: FEB, 2022. [cap. III, item 8])

continuam em um círculo vicioso, na esperança de que aconteça algo diferente.

Hipótese dois: é possível que essas pessoas só conheçam esse tipo de afeto, encharcado de violência física ou verbal, principalmente se desde criança o ambiente familiar se deu dessa maneira. Quando chegam à vida adulta, vinculam-se ao mundo do mesmo jeito, sem vislumbrar outra possibilidade de se relacionar. E reproduzem os afetos familiares violentos em todas as relações da vida adulta.

Hipótese três: parece que as pessoas que passam por um grande trauma, fisiologicamente fabricam determinados hormônios que trazem bem-estar e, mesmo depois de terem passado por tanto sofrimento, sentem falta desse tipo de sensação. Então, provocam e procuram situações extremas, de grande intensidade, como se pudessem de novo reviver esse prazer. É como se o cérebro não discriminasse mais o que é bom do que é ruim e se confundisse; assim, dor e prazer ficam misturados: para sentir um prazer máximo é preciso sentir antes uma dor intensa.

Os estudiosos em trauma dizem que, como temos equipamentos cerebrais e corporais para poder nos adaptarmos a todas as situações adversas, parece que é como se essas pessoas tivessem se adaptado a algo muito ruim, mas, ao se adaptarem tão bem para conseguir sobreviver, passaram a entender que só dessa maneira é possível ficar bem. É como se buscassem essa intensidade por toda a vida. Há pessoas que vivem perigosamente, que ainda estão buscando aquela grande sensação. É como se, por meio de uma dor intensa, pudessem anestesiar outros tipos de dores – emocional, moral, espiritual. Quantas pessoas em grande grau de angústia machucam seu corpo porque, ao fazer isso, sentem como se a dor finalmente pudesse ser localizada? Na verdade, quando sentimos angústia, não temos lugar para ela e até sentimos um aperto no peito, mas se trata de uma dor espalhada. Cortar e machucar são tentativas da alma de dar um contorno à dor que está localizada no braço, no rosto, no corpo; assim, ela se torna palpável.

Apesar de tudo, temos saída! Vejamos os que nos diz Kardec sobre isso, em *A gênese*:

> Entretanto, Deus, todo bondade, pôs o remédio ao lado do mal, isto é, faz que do próprio mal saia o bem. Um momento chega em que o excesso do mal moral se torna intolerável e impõe ao homem a necessidade de mudar de vida. Instruído pela experiência, ele se sente compelido a procurar no bem o remédio, sempre por efeito do seu livre-arbítrio. Quando toma melhor caminho, é por sua vontade e porque reconheceu os inconvenientes do outro. A necessidade, pois, o constrange a melhorar-se moralmente, para ser mais feliz, do mesmo modo que o constrangeu a melhorar as condições materiais da sua existência.[44]

---

44. Allan Kardec. *A gênese*. Trad. Guillon Ribeiro. 53. ed. Brasília: FEB, 2022. [cap. III, item 7]

Essa visão esperançosa que o espiritismo nos traz é incrível... Precisamos confiar de verdade que somos regidos pela lei do progresso, apesar de, muitas vezes, termos nossa visão turva ao olhar o horizonte. Viver no adoecimento, no mal, cansa! Mas é desse cansaço que a vontade do melhor nasce e nos impulsiona a buscarmos nossa própria cura.

Mesmo nesse nível evolutivo de tanta falta de clareza e discernimento, podemos nos inspirar nas orientações de Jesus, como consta no *Evangelho de Marcos*: "Olhai, vigiai e orai".[45]

Olhar significa dar conhecimento, reconhecer. Isso quer dizer que, em primeiro lugar, é necessário discriminar o que é bom para nós do que não é, porque, para tudo aquilo que não colabora com nosso crescimento, devemos dizer *não*, mesmo que seja prazeroso, mesmo que nos atraia muito, como bem nos ensina Paulo de Tarso:

> Todas as coisas me são lícitas, mas nem todas me convêm. Todas as coisas me são lícitas e eu não me deixarei dominar por nenhuma delas.[46]

---

45. *Marcos*, 13:33. *O novo testamento*. Trad. Haroldo Dutra Dias. Brasília: FEB, 2013.
46. *I Coríntios*, 6:12. *O novo testamento*. Trad. João Ferreira de Almeida. 78. ed. São Paulo: SBB, 2008.

É por isso que o esforço de resistir é tão valorizado pela Espiritualidade Maior, pois ela sabe da nossa dificuldade em dizer não para aquilo que nos fascina. Assim como o diabético precisa dizer não para o açúcar, para que possa ter vida, para que possa manter a reencarnação dele até o final, nós também temos que dizer não. Somos como "diabéticos no mundo": precisamos dizer não àquilo que parece tão bom, mas que pode custar a nossa vida.

Tudo isso que nos atrai tanto pode ser também algo que nos lesa, por isso há o "olhai" antes do "vigiai": para vigiar, temos que ter clareza da direção, temos que nos manter vigilantes quanto ao que já identificamos como fragilidade nossa. Só seremos capazes de olhar e vigiar quando tivermos a possibilidade em nós mesmos de habitar o lugar de espectador de nós. Nós e nossa consciência nos observam e dizem: "Nossa, esse caminho não está bom, preciso fazer uma certa *dieta* aqui nesse lugar, não posso abrir nenhuma concessão, porque, se dou o primeiro passo, tenho vontade de dar o segundo, o terceiro, o quarto." E, assim, torna-se muito mais difícil voltar ao equilíbrio, custa muito, e sentimos dor emocional pela pequena consciência que já havíamos adquirido. O trabalho que precisamos fazer conosco é observar, olhar para nós mesmos para que possamos descobrir aquilo de que precisamos nos afastar e aquilo de que precisamos nos aproximar. Ao começar a vigiar, a fim de nos mantermos nesse novo lugar, precisamos do recurso da oração para nos sustentarmos nesse novo movimento.

Cuidar de si mesmo é curar-se. E cuidar de si mesmo é cuidar da vida.

Agora, gostaria de abordar um ponto que nos confunde. Confundimos cuidar de nós mesmos com compensação. Entendemos que precisamos nos compensar com uma grande quantidade de prazer nas áreas da vida em que há tanto desprazer, tanto cansaço. A compensação tem começo, meio e fim. Isso significa que ela se esgota, ou seja, ela não nos deixa plenos nem nos faz felizes. Quando ela acaba, sentimos vazio, e se acreditamos que ainda precisamos de mais compensação, queremos consumir infinitamente. De repente, estamos trabalhando, nos esforçando, nos desesperando para poder custear as compensações. Pode ser que fiquemos presos em um círculo vicioso: desprazer–compensação–prazer imediato–vazio; desprazer–compensação–prazer imediato–vazio...

Esse ciclo pode ser percebido no seguinte exemplo: trabalhamos em um lugar que nos faz muito mal e, para aguentar o trabalho, compramos uma caixa de chocolates e passamos a tarde inteira comendo. Ou: planejo férias mirabolantes para suportar um ano de trabalho.

Enquanto mantivermos esse comportamento desprazer–compensação, não faremos nenhuma mudança efetiva onde é necessário. Nos agradamos, mas não olhamos para a mudança que precisamos concretizar na vida profissional. Isso não é cuidar de si mesmo, isso é compensar.

Outro exemplo: mantemos um relacionamento afetivo tóxico, que nos faz muito mal. Quando estamos muito tristes, vamos ao shopping e gastamos muito dinheiro, comprando produtos desnecessários à procura do prazer imediato para ficarmos "felizes", porque, afinal, "merecemos" o agrado. O fato é que fazer compras nos distrai, faz com que não olhemos para o que não está bem no relacionamento afetivo a fim de melhorá-lo, ou até rompê-lo. Isso não é cuidar de si mesmo, isso é compensar.

Mais um exemplo: nos sentimos frustrados porque somos muito dedicados aos relacionamentos familiares e não recebemos de volta o afeto e o reconhecimento que gostaríamos. Então, começamos a dizer: "Agora vou cuidar só de mim, não vou me preocupar com mais ninguém", e, superficialmente, fazemos mudanças corporais, ou em nossas atividades, enfim, mudanças que não causam impacto na família e nem nos deixam felizes. Isso também é compensar, e não cuidar de si.

Cuidar de si mesmo não é egoísmo, como à primeira vista pode parecer. Ser egoísta é não enxergar o outro. É por isso que o excesso de generosidade também é egoísmo,[47] pois parece que fazemos algo pelo outro quando, na verdade, a intenção é obter admiração ou algo semelhante sem que o outro saiba.

---

47. Allan Kardec. *O Evangelho segundo o espiritismo.* Trad. Guillon Ribeiro. 120. ed. Brasília: FEB, 2022. [cap. XVI, item 14, § 6]

Quando nos cuidamos de verdade, cuidamos dos outros também, pois oferecemos a eles um "eu" melhor. Aquele que cuida de si mesmo se torna uma pessoa muito melhor em termos de convivência. Se cuidamos do nosso mau humor, da nossa tristeza, das nossas necessidades, ficamos junto dos outros sem sermos pedintes, sem sermos exigentes, sem nos queixarmos. Ao sermos cuidadosos conosco, podemos ser tolerantes com as limitações dos outros. Assim, não sobrecarregamos ninguém e nem a nós mesmos. Cuidar de si mesmo é também uma gentileza para com o outro.

Quando os Espíritos nos orientam sobre a necessidade do cuidado de si mesmo, eles trazem a perspectiva espiritual de que somos responsáveis pelo nosso destino; somos os arquitetos da nossa vida.

Vamos retomar a necessidade imprescindível citada por Emmanuel, que é cuidar de si mesmo, em três etapas: "[…] vigiar o campo interno, valorizar as disciplinas e aceitá-las, bem como examinar as necessidades do coração."[48]

A seguir, faço uma reflexão sobre cada uma delas.

---

48. Emmanuel [Espírito], Francisco C. Xavier. *Caminho, verdade e vida*. 29. ed. Brasília: FEB, 2018. [cap. 148, p. 313]

1. Vigiar o campo interno

Para compreendermos a necessidade dessa recomendação de Emmanuel, precisamos nos dar conta de como construímos nosso campo interno.

Se nos tornamos o centro de nossos reflexos, somos nós quem escolhemos a qualidade dele, de modo consciente ou não, e, portanto, respiramos esse clima vibracional o tempo todo. É momento então de prestar atenção na qualidade dos nossos pensamentos e em que tipo de vibração emitimos, e distinguir quais são esses pensamentos e quais deles não são realmente nossos; se costumamos ter pensamentos catastróficos ou positivos; se predominam os pensamentos de desconfiança ou de julgamentos alheios; se nos sentimos perseguidos pelo olhar dos outros etc. O fato é que precisamos nos vigiar a fim de termos mais condições de escolher em qual desses pensamentos colocaremos o foco de nossa atenção, cuidando para sairmos das repetições, como orienta Emmanuel:

> Não te cristalizes, pois, em falsas noções que já te prejudicaram o dia de ontem. Repara a estrutura dos teus raciocínios de agora, ante as circunstâncias que te rodeiam.[49]

---

49. Emmanuel [Espírito], Francisco C. Xavier. *Pão nosso.* 30. ed. Brasília: FEB, 2013. [cap. 167, p. 362]

2. Valorizar as disciplinas e aceitá-las

Costumamos atribuir um significado negativo à palavra *disciplina* pelas inúmeras associações com castigo corporal, aplicado por autoridades em instituições religiosas, escolas e lares no passado. Precisamos abandonar esse entendimento distorcido do termo e nos aproximarmos do significado espiritual que os benfeitores dão a ele. Sem disciplina, é impossível avançar em nosso processo de crescimento. Emmanuel corrobora esse entendimento quando afirma que precisamos de disciplina para manter nosso esforço em sustentar ações do bem: "[...] a disciplina entrará com fatores decisivos."[50]

Então, temos que identificar o tipo de disciplina que precisamos empreender para melhorarmos nas várias dimensões da nossa vida e executar ações que requerem de nós uma aplicabilidade diária, frequente, assim como fazemos exercícios corporais para fortalecer músculos e ganhar saúde física. Exemplos: adotar preces diárias ao acordar, elaborar uma planilha financeira para sair das dívidas, comunicar as necessidades em uma relação conflitante, implantar o *Evangelho* no lar, silenciar falas impulsivas, ser pontual em compromissos, não deixar nada para a última hora, deixar de fazer queixas frequentes, limitar o hábito de gritar, parar de agradar aos outros, manter um espaço de trabalho organizado... Enfim, fazer tudo aquilo que nos custa esforço, mas nos habilita a viver melhor.

---

50. *Ibidem.*

3. Examinar as necessidades do coração

Todos temos inúmeras necessidades do coração que precisam ser atendidas para que não entremos em estados afetivos carenciais. Precisamos nos auto-observar; nosso olhar cuidadoso pode identificar o que está acontecendo conosco para que possamos buscar aquilo de que necessitamos. Quando não temos o hábito da auto-observação, passamos pela vida com fomes afetivas sem perceber, e nossos comportamentos, que nascem dessa falta, causam conflitos onde quer que estejamos. Muitas vezes, adotamos um modo de ser queixoso, frequentemente insatisfeito, e atribuímos aos outros a falta de cuidado que, na verdade, é nossa. Saber do que precisamos ao longo do dia nos ajuda a estar mais inteiros nas situações, mais presentes, e, portanto, adequar nossas decisões às circunstâncias que enfrentamos.

Ninguém pode cuidar de nós mesmos em nosso lugar; o autocuidado é nosso sagrado ofício. É preciso cuidar dos nossos pensamentos, pois eles acompanham os nossos sentimentos e geram nossas ações. "Nosso pensamento cria a vida que procuramos."[51]

---

51. Emmanuel [Espírito], Francisco C. Xavier. *Pensamento e vida*. 19. ed. Brasília: FEB, 2017. [Introdução, p. 8]

Que possamos cuidar amorosamente de nós mesmos para que a vida tenha a nossa cara, para que nossa vida nos represente. Somos os discípulos de Jesus, os discípulos da Boa Nova, e estamos em um grande trabalho, em uma grande viagem para um futuro mais feliz. Nesse momento, a recomendação de Emmanuel é: cuidemos de nosso coração, cuidemos de nós mesmos.

Exercício sugerido

Para ajudá-lo a se aprofundar no autocuidado, descrevo a seguir os três passos sugeridos por Emmanuel e seus gráficos correspondentes. Faça um de cada vez, sequencialmente.

- ▶ **Passo 1.** Escreva em cada quadrante os seus pensamentos habituais sobre as quatro áreas da sua vida, sem nenhum julgamento. Um vigilante não julga, mas é observador atento!

- ▶ **Passo 2.** Registre as ações que você precisa começar a fazer para melhorar em cada área da sua vida. Estamos falando de disciplina, então, você precisa começar e, principalmente, manter todas elas para alcançar a melhoria! Portanto, a repetição, o hábito e a perseverança são imprescindíveis nessa fase.

- ▶ **Passo 3.** Observe o quadro antes do terceiro gráfico. Ele contém algumas necessidades que você talvez tenha, mas pode ser que você pense em outras mais. Por isso, fique à vontade para acrescentar quantas quiser. O importante é que você identifique e registre nos quadrantes do gráfico as necessidades que tem em cada área da sua vida.

PASSO 1
VIGIAR O CAMPO INTERNO

COMIGO MESMO
Quais pensamentos costumo ter a meu respeito?

NO TRABALHO
O que penso sobre mim quanto ao meu trabalho? E quanto ao meu sustento?

COM OS OUTROS
O que penso sobre mim quanto aos meus relacionamentos?

COM DEUS/ ESPIRITUAL
O que penso sobre meu desenvolvimento espiritual?

PASSO 2
ACEITAR AS DISCIPLINAS E VALORIZÁ-LAS

COMIGO MESMO
De qual tipo de disciplina preciso para cuidar melhor de mim?

NO TRABALHO
De qual tipo de disciplina preciso para equilibrar meu sustento ou meu trabalho?

COM OS OUTROS
Qual tipo de disciplina preciso iniciar para melhorar meus relacionamentos?

COM DEUS/ ESPIRITUAL
De qual tipo de disciplina preciso para melhorar meu desenvolvimento espiritual?

Acolhimento	Empoderamento	Parceria
Amor	Equilíbrio	Pertencimento
Aprendizagem	Escolha	Prazer
Autoexpressão	Espaço	Previsibilidade
Autonomia	Esperança	Privacidade
Calma	Experiência	Propósito
Celebração	Flexibilidade	Proteção
Clareza	Harmonia	Reciprocidade
Coerência	Honestidade	Responsabilidade
Compaixão	Igualdade	Saúde
Comunicação	Inspiração	Segurança
Confiança	Intimidade	Transcendência
Conforto	Lealdade	Transparência
Consideração	Leveza	Troca
Consolo	Liberdade	União
Cuidado	Luto	Valorização
Desafio	Motivação	Verdade
Descanso	Movimento	
Empatia	Organização	

Ninguém pode cuidar de nós mesmos em nosso lugar; o autocuidado é nosso sagrado ofício.

Que possamos cuidar amorosamente de nós mesmos para que a vida tenha a nossa cara, para que nossa vida nos represente. Somos os discípulos de Jesus, os discípulos da Boa Nova, e estamos em um grande trabalho, em uma grande viagem para um futuro mais feliz.

Cuidar de si mesmo é curar-se. E cuidar de si mesmo é cuidar da vida.

capítulo 5
as necessárias desilusões

Nós *somos a partir de nossos vínculos afetivos.* Significa dizer que qualquer característica nossa que possamos identificar nasce das nossas relações, do que aprendemos a ser uns com os outros, desde sempre. E não temos muito controle sobre qual modo de ser se mostrará em uma ou em outra relação. Nossa liberdade acontece *a partir de*, ou seja, a autonomia que temos reside na possibilidade de cultivarmos ou restringirmos conscientemente o que já se manifesta em nossos laços afetivos. Podemos até intencionalmente iniciar um novo modo de ser em alguma relação específica, mas, certamente, isso será um esforço por um bom tempo, pela força imperiosa de sermos como sempre fomos ali. Em determinados vínculos, nos sentimos mais convidados a manifestar alguns comportamentos, enquanto em outros, podemos nos sentir menos à vontade para fazer o mesmo. Por exemplo, somos mais agressivos com determinadas pessoas do que com outras; conseguimos ser calmos e compassivos com alguns grupos enquanto que com outros isso se torna impossível. Muitas vezes,

na mesma relação, manifestamos modos diferentes de ser, o que pode ser surpreendente até para nós. Você já perguntou àqueles com os quais convive qual dos seus modos de ser os estimula a ser de um jeito ou de outro?

Assim, de relação em relação, vamos crescendo, desfazendo ilusões a nosso respeito e também quanto aos outros, criando modos melhores de estar com as pessoas, mais amorosos e gentis que nos fazem tanto bem. Porém, isso não se dá sem que trabalhemos para isso, com consciência e vontade de ampliarmos nossas capacidades afetivas.

Quando iniciamos uma reencarnação, nosso vínculo primordial é com a mãe, e, aos poucos, nos vinculamos ao pai. Os pais se tornam assim verdadeiros portais para a Vida, pois, por meio deles, nascemos e ficamos vivos. As experiências com eles são modelares para os vínculos que estabeleceremos ao longo da viagem por aqui. E devido às inúmeras necessidades afetivas e corporais, próprias de uma criança, vamos requerer deles que as atendam plenamente. Como já é sabido, as crianças não são iguais, e nem mesmo os pais se comportam da mesma maneira com todos os filhos. Os pais agem de forma única com cada filho e vice-versa. Assim, há necessidades que os pais conseguirão atender; outras, não. Isso ocorre porque também eles têm necessidades que não foram atendidas em suas infâncias. É claro que todos gostaríamos de ser, uns para os outros, fontes afetivas ideais. O mundo seria perfeito e não sentiríamos nenhuma dor. Acontece que nossa realidade não é essa. Todos nos tornamos pais e mães com muitas precariedades, mas também desejamos muito que nossos filhos sejam felizes.

Então, durante a infância e a adolescência, idealizamos muito as nossas relações. É muito difícil suportarmos a humanidade de nossos pais, assim como de professores, amigos, pares afetivos, líderes espirituais etc. Esperamos dessas outras relações as mesmas idealizações que estabelecemos em nossa família de origem. Portanto, a possibilidade de nos decepcionarmos é muito grande, mas, ao mesmo tempo, muito útil, pois só assim lidaremos com pessoas reais, tais como elas são: humanas, falíveis como nós também somos.

Nossa viagem de amadurecimento espiritual se dá, então, por meio dos nossos relacionamentos que, inicialmente, são idealizados, mas, posteriormente, se tornam reais! Eles só podem alcançar esse lugar se passarmos pela desilusão. Dessa forma, *des-iludir-se* é parte necessária do crescimento de nós todos. Nos desiludimos com os outros e conosco. Nos desiludimos com quem somos, renunciando a toda idealização de nós mesmos, e nos desiludimos com quem os outros são, concordando com o modo de ser deles, tais como são. Léon Denis nos incentiva a esse encontro com a realidade:

O simples fato de olharmos de frente para o que chamamos o mal, o perigo, a dor, a resolução de os afrontarmos, de os vencermos, diminuem-lhes a importância e o efeito.[52]

Pois bem, nosso autor Emmanuel mostra o caminho interessante que fazemos quando ainda conservamos, na vida adulta, uma relação idealizada com nossos líderes espirituais e que podemos estender para qualquer outro vínculo, como com instituições profissionais, casamento etc.

O autor se utiliza da experiência de Maria de Magdala, quando ela, de madrugada, após a crucificação, ao procurar o corpo de Jesus no sepulcro, não o encontra.[53] Ela, que O amava tanto, sofria pela morte Dele e pelas adversidades que advinham desse acontecimento. Ela se manteve confiante na relação com Ele, apesar da dor emocional, compreendendo que até mesmo na morte a mensagem da Vida Eterna estava presente. Emmanuel salienta que ela procurou o corpo de Jesus de madrugada para demonstrar que ela não postergou nada, que foi ao encontro da verdade o mais rápido possível, sem desanimar. Maria não se encolheu nem se lastimou; apenas seguiu na direção da realidade tal como ela se

---

52. Léon Denis. *O problema do ser, do destino e da dor*. 32. ed. Brasília: FEB, 2017. [cap. XX, p. 291]
53. Emmanuel [Espírito], Francisco C. Xavier. *Pão nosso*. 30. ed. Brasília: FEB, 2013. [cap. 168]

mostrou e foi em frente, espalhando a verdade com muito vigor, de que Jesus passaria a viver em Espírito para todos.

Porém, aqueles que mantinham uma relação idealizada com Jesus, imatura, ainda presa às necessidades da infância, ficaram paralisados, desanimados com Sua morte. Sentiram-se frustrados com a perda da liderança protetora e com as fantasias não cumpridas. Como diz Emmanuel, "haviam quebrado o padrão de confiança". Diante dessa perda da confiança, o autor apresenta dois comportamentos previsíveis, com os quais não deveríamos perder tempo, embora, muitas vezes, insistamos em mantê-los:

» sono do esquecimento: diante da desilusão, ficamos tão presos na dor que esquecemos tudo o que vivemos antes naquela relação, e ficamos adormecidos completamente das responsabilidades antes assumidas. Por exemplo, se nos decepcionamos em um relacionamento afetivo que terminou, ficamos paralisados na perda e esquecemos tudo o que construímos juntos anteriormente naquela relação. Esquecemos, inclusive, o quanto nos desenvolvemos, e nos desligamos dos compromissos que tínhamos, às vezes até com os filhos que tivemos. Outro exemplo: quando nos desiludimos com um líder religioso, ficamos presos na perda daquela liderança e nos esquecemos de que nosso vínculo essencial é com Deus, e não com as pessoas falíveis e humanas que somos;

» lamentações estéreis: diante da decepção, ficamos indignados por termos de passar por determinada perda e obsessivamente nos lamentamos pelos acontecimentos. Os lamentos não nos ajudam a seguir em frente, pelo contrário; nos exaurimos sem chegar a lugar nenhum. Um exemplo são os divórcios intermináveis, em que há sempre mais um item a reivindicar na justiça; a idealização de um casamento perfeito nunca é superada. Outro exemplo são os lamentos pelos sintomas corporais, quando não conseguimos aceitar que nosso corpo sofre a ação do tempo, envelhecendo inexoravelmente.

Quando nos mantemos mais fiéis às nossas idealizações do que à realidade, procuramos compensações infinitas que anestesiem nossas dores. Quanto maior a necessidade de manter vivo um sonho, maior o sofrimento causado e, portanto, maior a compensação necessária. Por exemplo: se ainda sofremos por não termos tido uma família de origem perfeita, exigimos de nós mesmos perfeição o tempo todo, em um grau de autoexigência muito maior do que podemos aguentar. Ou, se ainda nos sentimos inferiores ou em desvantagem na vida atual, por não termos tido dinheiro, conforto ou prazer na nossa história familiar, gastamos tudo o que temos, oferecendo a nós mesmos ou aos filhos o que não tivemos.

Veja, isso são compensações, são evitações de enxergar a realidade como ela é. As adversidades chegam para todos em algum momento, e é por meio delas que alimentamos a criatividade, a resiliência, a fé, a inteligência, a compaixão e tantas outras qualidades e virtudes que nascem do nosso encontro com as desilusões necessárias. Se vivêssemos eternamente em nossas ilusões, jamais nos tornaríamos adultos. Seríamos bebês famintos em busca de proteção e alimento, sem nenhuma autonomia. Além disso, estaríamos fora do fluxo do viver, desconectados da energia que nos move para a frente. Viver na ilusão, de olhos vidrados nas idealizações, nos deixa sem força, sem ânimo e sem direção e sentido para estarmos aqui nesta reencarnação.

Se diante da desilusão necessária pudéssemos, como Maria de Magdala, romper "o véu das emoções dolorosas que embarga os passos"[54] e deixar a raiva, a indignação ou qualquer outro sentimento chegar e passar, teríamos força para enfrentar a realidade como ela se mostra. Com isso, conquistaríamos o amadurecimento espiritual.

Que possamos nos encontrar com o *real* o mais rápido possível e, de preferência, de *madrugada*, antes que o amanhecer nos envolva com novas ilusões.

---

54. Emmanuel [Espírito], Francisco C. Xavier. *Pão nosso.* 30. ed. Brasília: FEB, 2013. [cap. 168, p. 364]

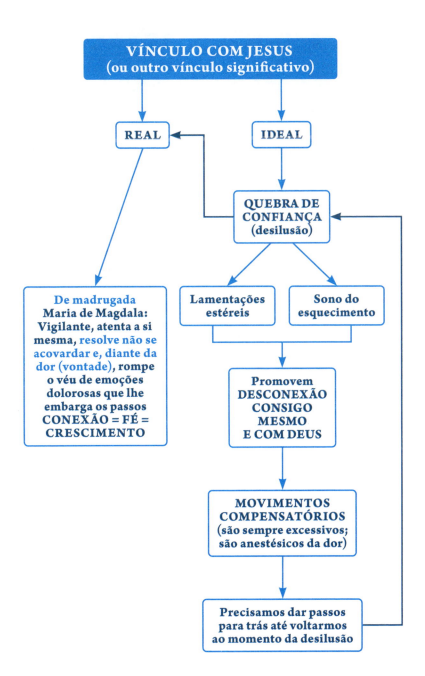

Nós somos a partir de nossos vínculos afetivos.

Significa dizer que qualquer característica nossa que possamos identificar nasce das nossas relações, do que aprendemos a ser uns com os outros, desde sempre.

Nossa viagem de amadurecimento espiritual se dá por meio dos nossos relacionamentos que, inicialmente, são idealizados, mas, posteriormente, se tornam reais! Eles só podem alcançar esse lugar se passarmos pela desilusão. Dessa forma, des-iludir-se é parte necessária do crescimento de nós todos.

capítulo 6
as faces invisíveis da violência

No sul da França, na região da Provença, há um caminho que todo peregrino percorre para poder orar na gruta de Sainte-Baume, que é o local em que, contam, Maria Madalena foi viver após a morte de Jesus. É preciso caminhar em meio à floresta por quarenta e cinco minutos, e todos o fazem silenciosamente. Chegando próximo à gruta, vemos muros de pedra e várias placas gravadas com as bem-aventuranças. Duas delas trago aqui para nossa conversa: *"Hereux les artisans de paix car ils seront appeles fils de dieu"* e *"Heureux les doux car ils recevront la terre en heritage"*, que constam do capítulo IX de *O Evangelho segundo o espiritismo*.[55] Reproduzo aqui as frases em francês porque os termos

---

55. "Bem-aventurados os pacificadores, porque eles serão chamados filhos de Deus e bem-aventurados os mansos, porque eles herdarão a terra." (Allan Kardec. *O Evangelho segundo o espiritismo*. Trad. Guillon Ribeiro. 120. ed. Brasília: FEB, 2022. [cap. IX] Ver

são mais próximos do que quero salientar: os *artesãos da paz* (*artisans de paix*) e os *doces* (*doux*). A doçura precisa estar presente na palavra e na ação daquele que busca a paz, e ela é construída artesanalmente, o que lhe dá um caráter singular.

Os peregrinos buscam esse tipo de caminho meditativo, silencioso, a fim de conquistarem um tipo de encontro consigo que os liberte das sombras interiores. Buscam ser bem-aventurados, ser felizes. Essas placas trazem palavras de Jesus. São orientações sobre como podemos nos sentir felizes: procurando ser gentis, doces, mansos, verdadeiros "artesãos da paz" em nossas vidas, uns com os outros. Viver em paz, então, é uma construção, um esforço contínuo que precisamos cultivar em nossas convivências. É que a imaturidade, a falta de autoconhecimento e a ignorância emocional que se faz presente em nossos relacionamentos favorecem a nossa violência, pelo desespero em buscar afeto de qualquer maneira. Significa dizer que, pelo estágio evolutivo em que nos encontramos, estamos mais perto da violência do que da vida pacífica sem termos consciência plena disso. Quanto mais violentos, mais afastados de uma vida feliz, e quanto mais inconscientes desses comportamentos, mais tempo permanecemos à mercê de impulsos que transtornam nossas convivências e esvaziam nossos corações. É isso o que estar "afastados de Deus"

também: *Mateus*, 5:5. *O novo testamento*. Trad. Haroldo Dutra Dias. Brasília: FEB, 2013.)

quer dizer, porque estamos afastados de nossa essência divina, amorosa. Portanto, somente quando nossa alma se encontra na *frequência da paz* é que sentimos que somos verdadeiros filhos de Deus.

E é por isso que os Espíritos nos orientam:

Pesquisai a origem desses acessos de demência passageira que vos assemelha ao bruto, fazendo-vos perder o sangue-frio e a razão [...][56]

Porque, certamente, nos mantermos em clima de violência nos afasta não só de nós mesmos, mas também das pessoas que tanto amamos. Além disso, nosso estado de raiva constante nos adoece e adoecemos os outros, como os Espíritos esclarecem:

[...] a cólera a nada remedeia, que lhe altera a saúde e compromete até a vida, reconheceria ser ele próprio a sua primeira vítima. Outra consideração, sobretudo, deveria contê-lo, a de que torna infelizes todos os que o cercam.[57]

---

56. Allan Kardec. *O Evangelho segundo o espiritismo.* Trad. Guillon Ribeiro. 120. ed. Brasília: FEB, 2022. [cap. IX, item 9]
57. *Ibidem.*

Portanto, mais do que nunca, precisamos cuidar das emoções sobre as quais não conseguimos ter controle, e o primeiro passo nessa direção é admitir que somos responsáveis pela presença de climas tumultuados em nossas convivências. Enquanto não colocarmos limites nesses comportamentos, sejam dos outros, sejam os nossos, estaremos vulneráveis à prática de muito mal entre nós, pois é certo que "a cólera não exclui as qualidades do coração, mas impede que se faça muito bem".[58] E isso deve ser o suficiente para que façamos um esforço na direção de nos educarmos para conquistarmos a paz.

Caminhando um pouco mais...

Identificar a presença de ações violentas é muito fácil para nós quando elas se mostram explicitamente por meio de agressões físicas, ou xingamentos e gritos frequentes. Porém, existe outro modo de a agressividade se manifestar nas relações íntimas, familiares e até profissionais, que é aquele em que ela se manifesta de modo frequente e implicitamente. Assim, se configuram como faces *invisíveis* da violência, porque sentimos dor, mas não a legitimamos como tal, porque foge à forma mais comum e conhecida de ela se mostrar. Também são comportamentos que são aceitos, sem questionamento, pela maioria das pessoas, já que são tão frequentes. Quando uma ação é repetida muitas vezes, mesmo sendo inadequada, lesiva, entendemos que é "normal", e calamos todos os sentimentos de estranheza que nos

---

58. *Ibidem.*

faria ter forças para limitá-la, nos defender e criarmos outras formas de conseguir o que precisamos, sem dor.

Junto de todos esses encobrimentos da violência nas nossas convivências há um fator que dificulta muito a sua identificação e a busca correspondente de proteção e de ajuda. Tanto estando no lugar da vítima quanto no do agressor, as ações lesivas surgem de *modo alternado* aos comportamentos positivos. É essa alternância que nos confunde, enfraquecendo nossa tomada de decisões protetivas. Cada vez que a dor vem e nos convida a mudar algo, calamos imediatamente a voz adulta, exaltando os momentos bons. Não raro, o próprio agressor, sentindo-se culpado, adota rapidamente um comportamento que gratifique, que encubra o gesto violento. Não é que não devamos olhar para o que de bom alguém pode realizar, mas a questão é: por que fecharmos os olhos e negarmos a presença das ações adoecidas?

Há, ainda, relacionamentos em que os modos violentos são interpretados equivocadamente como modos de "demonstração de amor", tais como ciúme, comportamentos possessivos, atitudes punitivas, vigilância extrema etc. Muitas pessoas carentes de afeto sentem nesses comportamentos violentos uma espécie de "bem-estar", porque sentem que são olhados exclusiva e permanentemente pelo outro; por isso, interpretam esses comportamentos como atitudes de amor. Esses comportamentos também são comuns nos casos de pessoas que convivem, na família, com alcoolistas e adictos de modo geral. A alternância de comportamento é parte desse quadro, e atitudes maternais podem ser adotadas quando o outro demonstra arrependimento. Cria-se, então, um círculo vicioso: agressão–arrependimento–passividade; agressão... E toda a família adoece junto, estabelecendo entre si o que se denomina codependência.

Assim, nos casos crônicos de relações que já se viciaram nesse modo de convivência, muitas vezes é preciso que o sofrimento chegue a um grau muito intenso para que consigam procurar ajuda ou mesmo se deem conta de que a relação adoeceu e se tornou tóxica para todos os que participam dela.

Em termos de reencarnação, essas relações em que há alto grau de lesão mútua tendem a se restabelecer em uma vida posterior da seguinte maneira: os Espíritos renascerão em posições diferentes na família, a fim de que dois passos curativos sejam possíveis: desligamento do vínculo adoecido anterior e reconstrução psíquica a partir do novo lugar afetivo.

Por mais que tenham sofrido na história anterior, não é tão fácil promover o desapego por conta própria devido às dependências afetivas que foram construídas. É por isso que a Providência Divina se encarrega de promover uma reencarnação curativa. Esse método nos dá a oportunidade de nos curarmos a partir de um outro lugar na família, e teremos, então, chance de exercitarmos um modo novo de conviver e de resistir à tendência de repetir os comportamentos lesivos.

Emmanuel nos explica esse fenômeno da seguinte maneira:

Referimo-nos [...] ao lar como *pouso de desligamento*, porque, na Terra, as relações entre pais e filhos e, consequentemente, as relações de ordem familiar constituem clima ideal para a libertação de quantos se jungiram entre si, de modo inconveniente, nos desregramentos emotivos em nome do amor.[59] [grifo nosso]

Portanto, se formamos um casal que se fere muito, apresentando comportamentos lesivos entre nós, a Providência Divina atua por etapas. Será planejado, por exemplo, que possamos renascer na mesma família como irmãos, primos, mãe e filho, ou pai e filha, para podermos amenizar as diferenças, desenvolver outros modos de amar e resistirmos aos comportamentos violentos. Se escorregarmos novamente, pode acontecer que se deem renascimentos em famílias distintas para que, a essa distância, possamos nos recuperar para novas reconciliações no futuro. Seja como for, o ponto essencial é entendermos que o lugar no qual reencarnamos atua como fator educativo.

Caminhando um pouco mais...

Segundo os princípios da comunicação não violenta, "todo ato violento é a expressão trágica de uma necessidade não atendida".[60] Esse esclarecimento de Rosenberg

---

59. Emmanuel [Espírito], Francisco C. Xavier. *Vida e sexo*. 27. ed. Brasília: FEB, 2017. [cap. 15, p. 61]

60. Para saber mais, consulte: Marshall B. Rosenberg. *Comunicação não violenta: técnicas para aprimorar*

nos ajuda a entender que o comportamento violento não se configura do mesmo modo que uma característica genética. Pode ser que tenhamos crescido em uma família em que a comunicação diária era violenta e, portanto, aprendemos a nos amar e a nos comunicar desse jeito. Pode ser que tenhamos tido muitas experiências reencarnatórias nesse clima violento de viver e hoje apenas damos continuidade a esse comportamento sem termos consciência dele. É verdade também que nosso cérebro, com seu mecanismo automático, já está condicionado a liberar hormônios e a estabelecer sinapses tais que correspondam somente a comportamentos muito agressivos. Seja lá como for, por mais que seja intenso, difícil, há sempre possibilidade, mesmo que restrita, de modificar nosso modo de ser. Não somos previamente determinados a ser desse ou daquele jeito. Mesmo nossa liberdade sendo restrita ao nosso amadurecimento psicológico, nada nos impede de fazer pequenos movimentos em direção à saúde, desde que tenhamos algum grau de consciência para isso.

Somos todos necessitados de muitas coisas para nos sentirmos harmônicos no viver. A questão desafiante para todos nós é reconhecer essas necessidades e saber

---

relacionamentos pessoais e profissionais. 3. ed. São Paulo: Ágora, 2006.

cuidar delas, e atendê-las sempre que possível.[61] Ao nos mantermos carenciados, ignorantes das nossas necessidades, abrimos campo para que a agressividade tome a frente para defender nosso lugar diante dos outros, e nos dirigimos para uma "expressão trágica" quando uma necessidade nossa não é atendida.

Agora, vamos conhecer alguns comportamentos violentos e opressivos os quais temos dificuldade de reconhecer como tais, e que surgem quando há uma necessidade afetiva não atendida da qual não temos consciência.

---

61. Ver no capítulo 4, "Aprendendo a cuidar de si mesmo", o quadro das necessidades que consta do exercício sugerido.

1. Afirmações irônicas
   i. "Alguém tem que trabalhar nesta casa" (só essa pessoa trabalha)
   ii. "Vamos receber visita hoje aqui?" (em vez de elogiar a casa limpa)
   iii. "Quer que eu desenhe para você entender?" (o outro não tem inteligência para entender)

2. Silêncio punitivo
   i. Quando não faz o que quer, fica sem falar, ignora a presença do outro e o trata como estranho em eventos públicos; se alguém lhe pergunta o que há de errado, responde que "não é nada"
   ii. Costuma expressar sua contrariedade e seu poder com o corpo em vez da fala (expressões faciais ou socos na mesa etc.)

3. Chantagem emocional
   i. "Se você for embora eu vou me matar"
   ii. "Um dia, quando você acordar, não vou mais estar aqui"
   iii. "É só uma questão de tempo, e você vai ver o que vai te acontecer"
   iv. Sempre adoece quando o(a) parceiro(a) diz que vai viajar, mesmo que seja a trabalho

4. Controle financeiro autoritário
   i. "Com que dinheiro você pagou isso? Quanto custou? Para que comprou?"
   ii. "Sou eu que pago a comida que você come"
   iii. Deixa o mínimo de dinheiro possível para as despesas da casa e desqualifica o que foi comprado
   iv. Depois de pagar algo que considera caro, avisa que quando chegar em casa terá que ser recompensado
   v. Esconde o valor do patrimônio do lar e anuncia ameaça de escassez constantemente

5. Cerceamento de liberdade
   i. "Você saiu do trabalho na hora X, por que demorou para chegar? Só pode estar com outro(a)"
   ii. "Se eu não vou, você também não vai"
   iii. "Você tem que me perguntar antes de marcar qualquer compromisso com alguém"
   iv. "Você não viu que aquela pessoa está te olhando demais?"
   v. "Com essa roupa você não sai. Para que se arrumar tanto? Você é uma pessoa casada"
   vi. Tranca a casa ou o carro, impedindo o outro de sair, e usa de ameaças verbais ou físicas (apertões, empurrões, beliscões etc.)

6. Invasão de privacidade
   i. "Se você não me deixa ver seu celular é porque tem algo a esconder"
   ii. "Com quem você tanto conversa no celular?"
   iii. Revista constantemente mochilas, bolsas, roupas, armário, gavetas

7. Distorção da realidade (*gaslighting*)
   i. Convence o outro de que o que ele vê não é real. A finalidade é criar instabilidade e dúvida quanto à própria percepção. Ao sentir-se culpado, inverte a posição, tornando-se vítima da situação

8. Desqualificação de sentimentos
   i. Quando percebe que feriu, diz que "foi uma brincadeira", que o outro é dramático(a), que não sabe por que o outro ficou tão alterado(a), que não é para tanto

9. Intimidação psicológica
   i. Faz comparações frequentes, sempre se referindo a outras pessoas "melhores"
   ii. Todo mundo sabe que "você é louco(a)"
   iii. "Quando chegarmos em casa, conversamos"
   iv. "Quero ver você dar conta disso e daquilo"
   v. "Você não é nada, e, se não fosse por mim, você não seria ninguém"
   vi. "Ninguém vai acreditar em você!"

10. Críticas destrutivas
   i. É exigente com o outro, não releva nenhum comportamento
  ii. Sempre aponta o que falta, fiscaliza o tempo todo, constrange o outro ao expor seus comportamentos em grupo e em tom de "brincadeira"
 iii. Faz afirmativas destrutivas a respeito do corpo ou do comportamento do outro ("você está gordo(a)", "é burro(a)" etc.)

Em toda relação em que a violência está presente, aparecem os comportamentos complementares, que fazem a manutenção dessa violência. Aquele ditado que diz "quando um não quer, dois não brigam" é muito verdadeiro, pois, junto de um opressor, nasce o oprimido. Tanto é que, quando um dos dois resolve romper esse modo adoecido de ser, o outro inevitavelmente se modifica ou se afasta do relacionamento. São lugares afetivo-relacionais que se complementam, que alimentam um ao outro, e que se viciam nessa maneira de conviver. É uma relação que se encontra fixada nas defesas e completamente afastada do amor saudável.

No esquema a seguir, mostro dois comportamentos opostos para cada face invisível da violência. Esses comportamentos opostos representam o modo como a pessoa percebe, como ela sente o outro. E, à medida que não tem suas necessidades atendidas, repete o comportamento lesivo. Por exemplo, se o opressor percebe o outro como sendo muito ingênuo, ou esperto demais, corresponde a ele sendo irônico; essa é a maneira que ele encontra de equilibrar-se nessa relação. Ou, se o opressor considera que o outro não valoriza a sua opinião, ou que o outro tem uma fala cansativa, prolixa, adota o comportamento lesivo de ficar em silêncio para que o outro sinta o mesmo desconforto que ele, e assim por diante. Com isso, quero evidenciar que ninguém se mantém violento a esmo. O modo como interpretamos e sentimos os outros reforçam ou nos fazem modificar quem somos. Portanto, ao identificarmos esses comportamentos que nos afastam de uma vida leve, temos como responsabilidade reconhecer como colaboramos para a manutenção deles. Não é que sejamos exatamente do modo como o outro nos vê. Claro que não! Até porque existem semelhanças de comportamentos que nos fazem lembrar imediatamente de outros vínculos parentais, bem antigos. Somos muito mais do que qualquer comportamento descrito. Mas é verdade que nos comportamos uns com os outros de acordo com a interpretação que fazemos de nós mesmos e dos outros.

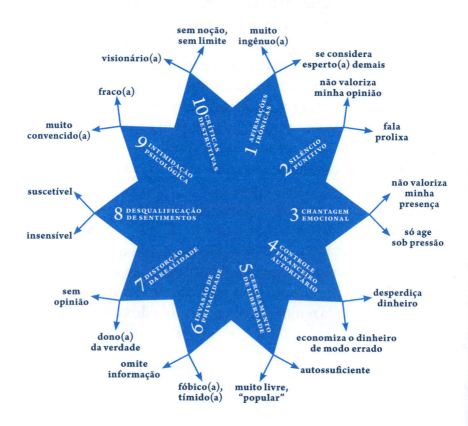

Então, se quisermos crescer, podemos, em um diálogo sincero e sem acusações nem julgamentos, descobrir de que modo nosso jeito de ser convida o outro a repetir comportamentos que nos machucam, além de quais necessidades não estão sendo atendidas por nós dois, a ponto de nos utilizarmos da violência para pedir, em desespero, aquilo de que nem temos consciência.

Uma pergunta importante que temos que nos fazer nesse caso, e que pode nos ajudar, é: o que esperamos que aconteça, ou quem esperamos que nos salve, ao nos mantermos encolhidos em uma relação lesiva?

Joanna de Ângelis nos oferece várias alternativas para a cura:

> Estanca o passo e retrocede na viagem do desequilíbrio. Recorre à oração. Evita as pessoas maledicentes, queixosas, venenosas. Elas se te fazem estímulo constante à irritabilidade, ao armamento emocional contra os outros. A tua vida é preciosa, e deves colocar todas as tuas forças a serviço do amor. Desde que és forte, investe na bondade, na paciência e no perdão, que são degraus de ascensão.[62]

---

62. Joanna de Ângelis [Espírito], Divaldo P. Franco. *Momentos de felicidade*. Salvador: Leal, 2011. [cap. 19, p. 43]

Exercício sugerido

- ▶ A partir do esquema anterior, com sinceridade e sem julgamentos, identifique seus comportamentos lesivos mais frequentes em seus relacionamentos. Não se distraia identificando o comportamento dos outros; observe e registre apenas os seus.

- ▶ Escreva em uma folha de papel os acontecimentos aos quais você respondeu com comportamentos lesivos. Verifique se há repetição.

- ▶ Utilizando a lista de necessidades do capítulo 4, reconheça em cada acontecimento as suas necessidades que não foram atendidas. Ou seja, o que você gostaria que tivesse acontecido para que pudesse se sentir em paz?

- Agora, feche os olhos. Tente se lembrar de uma situação na infância ou na adolescência em que você vivenciou algo semelhante. Se nada vier à mente, não se preocupe. Mas se uma imagem ou uma recordação chegar, apenas a deixe passar por você, percebendo os sentimentos correspondentes. Só deixe fluir.

- Respire. Faça uma pequena meditação em que você possa se sentir filho de Deus e peça uma orientação sobre como dar o primeiro passo para modificar seu comportamento. Apenas um passo.

- Faça uma oração em agradecimento. Orar pode ajudá-lo a se fortalecer nesse caminho de autocuidado.

Viver em paz é uma construção, um esforço contínuo que precisamos cultivar em nossas convivências. É que a imaturidade, a falta de autoconhecimento e a ignorância emocional que se faz presente em nossos relacionamentos favorecem a nossa violência, pelo desespero em buscar afeto de qualquer maneira. Quanto mais violentos, mais afastados de uma vida feliz, e quanto mais inconscientes desses comportamentos, mais tempo permanecemos à mercê de impulsos que transtornam nossas convivências e esvaziam nossos corações.

capítulo 7
movimentos de crescimento e o medo

Dizemos, com tanta certeza, que os sofrimentos trazem aprendizado, mas, na hora que sentimos dor, não é tão fácil ouvir essa frase ou nos conectarmos com esse entendimento. E, a bem da verdade, no fundo até gostaríamos de renunciar ao aprendizado para não ter que passar pela dor que nos consome. Queremos alívio, queremos saídas.

É que o aprendizado só será entendido na sua inteireza mais à frente. Na hora da dor, dificilmente conseguimos ver como ele se dá, bem como seu potencial transformador. A duração do sofrimento será proporcional ao tempo que levarmos para concordar com o que está acontecendo conosco. Parece estranho, mas temos muita dificuldade em dizer sim à realidade que está diante dos nossos olhos. Fazemos malabarismos para não enfrentar o que precisamos enfrentar. Fechamos os olhos por muitas razões, mas todas elas são regidas pelo medo. Por exemplo:

- » intuímos as consequências que virão, então, fechamos os olhos porque ainda não nos sentimos prontos para vivê-las;
- » sentimos muito medo de sucumbir à dor que a realidade mostra;
- » temos muito apego ao prazer e nos afastamos de tudo o que é diferente dele; temos medo de sentir dor e nunca mais sentir bem-estar;
- » o sofrimento nos faz sentir que pertencemos à nossa história familiar, então, se o sofrimento passa, parece que nos afastamos da família;
- » o sofrimento nos mantém em um lugar heroico e só reconhecemos afeto assim; temos medo de perder esse lugar especial porque talvez seja o único que temos no momento.

Há outros motivos, mas citei aqui os mais evidentes e comuns. A questão é que vivermos na evitação da realidade nos deixa muito enfraquecidos. Se pudéssemos nos convencer do quanto é possível dar muitos passos em direção ao crescimento quando atravessamos as adversidades, talvez estivéssemos na vida de braços mais abertos. É no encontro com os desafios que nossa alma se fortalece, porque não nascemos prontos.

Neste capítulo, veremos os movimentos de crescimento que fazemos na vida e de que modo o medo dificulta esse processo.

Área de conforto

Muitas vezes, ouvimos falar dessa área de modo negativo, como algo que se assemelha à preguiça, à paralisação; como se não fosse correto habitá-la. Essa perspectiva é uma generalização que precisamos esclarecer.

Tudo o que nos é familiar constitui nossa área de conforto. É a dimensão de nossas vidas em que transitamos com segurança, sem sobressaltos, e que favorece nossa movimentação diária. Precisamos, sim, habitar algo confortável, familiar, minimamente estável, já que viver como humanos que somos nos proporciona muita instabilidade. Aqui, entra o que chamamos de rotina; ela nos dispensa de pensar em como agir ao longo de um dia quando amanhece. Temos já um certo jeito de viver os dias, de dar conta de nossas vidas. Até mesmo para lidar com aquilo que nos incomoda já temos uma maneira conhecida.

De certo modo, gostaríamos que esse espaço existencial ficasse de um mesmo jeito a vida toda, sem que nada jamais saísse do lugar (talvez seja por causa dessa interpretação que a expressão "área de conforto" tenha ganhado significado tão pejorativo). Só que a vida não acontece assim. O fluxo do viver é ininterrupto e anda para a frente independentemente de nossa vontade. Nada fica parado ou nos espera porque queremos. A lei do progresso nos impulsiona, é uma força viva,[63] e é

---

63. Allan Kardec. *O livro dos Espíritos*. Trad. Guillon Ribeiro. 93. ed. Brasília: FEB, 2022. [item 781]

impossível nos mantermos resistentes a ela por muito tempo sem consequências. De tempos em tempos, tudo o que nos é familiar sofre abalos[64] e nos obriga a restabelecer uma nova ordenação. São aquelas mudanças inevitáveis diante de um diagnóstico, das perdas de um modo geral, acidentes, tragédias ou até mesmo no surgimento de uma nova paixão ou de uma conquista de novo cargo no trabalho. São circunstâncias externas que nos obrigam a fazer mudanças.

Esse fenômeno também pode se apresentar individualmente em forma de tédio, que é uma experiência de tempo lento, de mesmice, de cansaço consigo mesmo, e que é uma espécie de manifestação da força da vida nos empurrando de dentro para fora.[65] Sinaliza que algo vindo de nossa essência nos convoca a caminhar, pois, afinal, não nascemos para ficar parados. E mesmo não sabendo qual passo a dar, o conforto passa a ficar tão desconfortável que o movimento se torna mais importante do que a direção propriamente dita.

---

64. *Ibidem.* [item 783]
65. Ver resposta ao item 779 em *O livro dos Espíritos*: "O homem se desenvolve por si mesmo, naturalmente, mas nem todos progridem simultaneamente e do mesmo modo. Dá-se então que os mais adiantados auxiliam o progresso dos outros, por meio do contato social." (Allan Kardec. *O livro dos Espíritos*. Trad. Guillon Ribeiro. 93. ed. Brasília: FEB, 2022.)

É desse modo que crescemos e ampliamos nossos horizontes: nos expandindo, seja pela vontade própria de dar um passo à frente, seja pela força das circunstâncias, seja pelo cansaço de dar voltas no mesmo lugar.

Esse passo à frente do conforto ocorre em uma dimensão existencial que pode ser denominada de área de expansão. Veja a imagem a seguir.

Área de expansão

"Expansão" é a possibilidade em aberto para todo aquele que nasce. Como diz Emmanuel:

> Ninguém é trazido a viver, sentir, imaginar e raciocinar para ocultar-se. Cada um de nós permanece no lugar exato, a fim de realizar o melhor que pode.[66]

Esse "melhor" não está definido em lugar nenhum; é algo que se dá no desenrolar dos acontecimentos, em que, diante dos desafios, procuramos a melhor saída possível, aquela que nossos braços podem alcançar em determinado instante.

Então, quando nos movemos confortavelmente dando conta do viver sem aflições, estamos também sedimentando, afirmando e consolidando modos de ser, perspectivas e comportamentos diante dos outros etc. Quando surge algo novo, que pede por uma ação correspondente, como nos movemos? Para onde devemos nos mover? É aqui que a área de expansão mostra sua presença. O que hoje representa o novo, ainda em forma de possibilidade, amanhã já será familiar. Dessa maneira, quando nos dirigimos a essa nova ação e a tomamos como nossa, a área de conforto aumenta, gerando segurança, autoestima e bem-estar com mais espaço para transitarmos na vida.

---

66. Emmanuel [Espírito], Francisco. C. Xavier. *Estude e viva*. 14. ed. Brasília: FEB, 2019. [cap. 18, p. 86]

E uma nova área de expansão se estabelece ao mesmo tempo, de modo contínuo e infinito.

Há, porém, um detalhe importantíssimo nesse processo. Essa área de nossas vidas acompanha a área de conforto de modo não visível. O que isso quer dizer? Que junto ao que nos é tão familiar, junto a todas as nossas ações costumeiras, surgem também, como possibilidades, caminhos de crescimento. Por isso, não estamos condenados a ficar presos ao conhecido. Ainda bem que não! Podemos mais, podemos sempre ir mais além de nossas paisagens habituais. Podemos ousar, criar, nos nutrir de conhecimentos novos, de lugares, relações, perspectivas... E esses passos podem advir de nossas inquietações próprias ou pelo convite que os desafios existenciais nos trazem. Como tudo o que é novo, não há garantias de êxito, de resultados, é um risco natural e até esperado para todo ser vivente. Mover-se faz parte do viver. Mover-se com consciência, com intenção, com vontade, é exercício de liberdade para todos nós. Portanto, não é um sair do lugar apenas por força dos ventos, é também mover-se por uma grande causa que é por si mesmo, pela vontade de ser do tamanho que se pode ser.

Mas essa possibilidade de nos movermos para além da área de conforto em direção à expansão só é possível se estivermos habitando aquela área de modo *ativo*, sem defesas, abertos ao fluxo da vida e até com alegria, por exemplo.

A seguir, podemos ver o que nos acontece quando nos movemos para além do familiar: a área de conforto aumenta e outras possibilidades passam a habitar a área de expansão, caracterizando assim um movimento de crescimento dinâmico infinito.

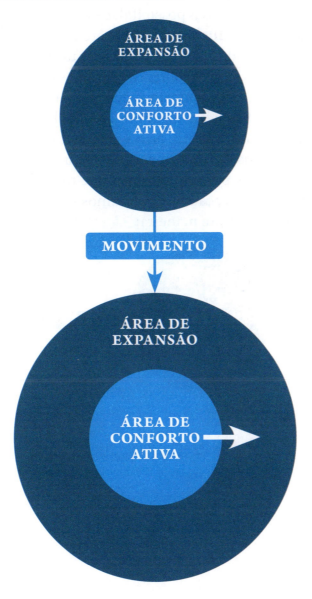

Porém, se estivermos na área de conforto de modo *passivo*, defendido, retraído, com muito medo de agir, ficaremos cegos a essas possibilidades que poderiam nos expandir a alma. Inclusive, esqueceremos do quanto já fomos capazes de agir e de nos encantar pelo novo. A área de expansão se encolherá e ficaremos restritos, aprisionados na área de conforto, o que traz muito mal-estar. Já não estaremos nesse lugar por escolha livre, mas por temermos o movimento. Não veremos caminhos, nos encontraremos sem saída, gerando estados adoecidos como o pânico, por exemplo, em que tudo do lado de fora se torna ameaçador. Poderíamos representar essa situação da seguinte maneira:

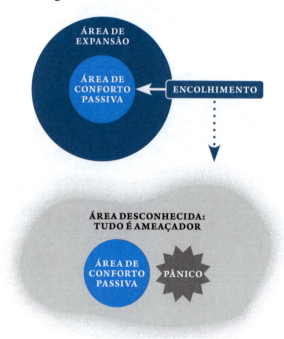

Como restabelecer o movimento natural de crescimento?

Será preciso reconstruir a área de expansão para que tudo aquilo que é desconhecido deixe de se configurar como algo ameaçador. Assim, por meio da repetição de pequenos passos já familiares, que fizeram parte da expansão em tempos anteriores, a confiança poderá se restabelecer. Cada passo dado fortalece o passo seguinte. Portanto, não é o momento de se olhar para muito longe, para o futuro distante. Isso aumentará o medo exponencialmente e reforçará o lugar da impotência e da fraqueza. Esse é o momento ideal para acionarmos uma potência maravilhosa da nossa alma, que é a *vontade*. Segundo Léon Denis, "é a maior de todas as potências; é, em sua ação, comparável ao imã."[67] É por isso que, ao darmos um pequeno passo, a vontade cresce e nos dá força ao mesmo tempo, porque "atrai novos recursos vitais". Ela atua com intensidade em nosso corpo fluídico e ativa nossas vibrações como um motor para agir.

Mais do que nunca, é hora de exercitar a presença, promover práticas espirituais de ancoramento da alma em nosso corpo, praticar atividades físicas, cuidar da alimentação, cuidar de plantas ou do espaço da casa. Ações progressivas de curta duração que sejam de autocuidado ou de cuidado do entorno trarão forças para os passos seguintes. Desse modo, nosso Espírito adquire

---

67. Léon Denis. *O problema do ser, do destino e da dor*. 32. ed. Brasília: FEB, 2017. [cap. XX, p. 291]

fé em si mesmo, o que nos habilita a permanecer no mundo por mais um bom tempo e fazer um bom aproveitamento da nossa reencarnação. Outra boa prática é fazer orações diárias para manter o foco na autocura. Denis diz assim: "Sabei que todo homem pode ser bom e feliz; para vir a sê-lo basta que o queira com energia e constância."[68] Acentuo aqui esse termo "constância" para reforçar que qualquer mudança requer de nós uma disciplina em mantermos ações que nos fazem bem, sem desistir. Manter as orações diárias nos ajudam a lembrar do nosso querer, porque "aquele que ora com fervor e confiança se faz mais forte contra as tentações do mal e Deus lhe envia bons Espíritos para assisti-lo."[69] Portanto, nas orações, podemos refletir: "O que eu quero para mim nesse momento? Para onde quero me dirigir, crescer? Essa direção que estou imprimindo em minha vida me deixa em paz comigo mesmo?" Todas essas questões requerem a presença da vontade, e ela se fortalece quanto mais consciência temos da presença e da ação dela nas nossas ações.

---

68. Léon Denis. *O problema do ser, do destino e da dor.* 32. ed. Brasília: FEB, 2017. [cap. XX, p. 297]

69. Allan Kardec. *O livro dos Espíritos.* Trad. Guillon Ribeiro. 93. ed. Brasília: FEB, 2022. [item 660]

Emmanuel nos traz uma palavra de incentivo:

Por mais sombria seja a estrada a que foste conduzi-do pelas circunstâncias, enriquece-a com a luz do teu esforço no bem.[70]

---

70. Emmanuel [Espírito], Francisco C. Xavier. *Fonte viva.* 37. ed. Brasília: FEB, 2013. [cap. 132, p. 386]

Exercício sugerido

Este exercício vai auxiliá-lo a ter mais clareza do que hoje se constituem para você a sua área de conforto e a sua área de expansão.

Reserve um tempo para fazer o exercício.[71] Em uma folha de papel, desenhe círculos como o que vemos a seguir. Eles devem ocupar o espaço total da folha. Seguindo a ordem numérica que consta nos círculos, procure fazer o exercício sem julgamentos.

> ▸ Em **1**, registre as atividades que realiza no seu dia a dia confortavelmente. Depois de escrever, observe como você se sente; que sentimentos estão presentes. Observe também suas sensações corporais ao ler o que você faz com naturalidade. Escreva essas sensações em outra folha ou fora dos círculos.

---

71. Esse exercício é uma adaptação do que consta no livro *Como manter a mente sã*, da autora Philippa Perry (Trad. Cristina Paixão Lopes. Rio de Janeiro: Objetiva, 2012. [p. 80]).

- Em **2**, registre as atividades que você realiza mas com a presença de certo desconforto, tensão ou preocupação. Ao terminar esse registro, verifique se há diferença em seu corpo em relação ao item anterior. Observe se a tensão aparece de alguma maneira enquanto você escreve.

- Em **3**, registre as atividades que você gostaria de realizar mas ainda não deu o primeiro passo porque não teve coragem. Escreva do lado de fora dos círculos o que você considera que lhe falta para que possa se concentrar nelas e realizá-las. Se tivesse a parceria de alguém (quem seria?), você as realizaria? Imagine-se por um instante tendo coragem e realizando essas atividades. Procure perceber se a realização delas lhe afastaria de algum familiar.

- Em **4**, registre as atividades que você gostaria de realizar mas tem medo demais para tentar. Esse é o tópico mais difícil, porém, tem uma importância incrível, pois nos retira do habitual e abre nossa imaginação para um modo de ser bem diferente do nosso costumeiro. É apenas um exercício. Permita-se sonhar, imaginar, ampliar. Como se sente nesse lugar?

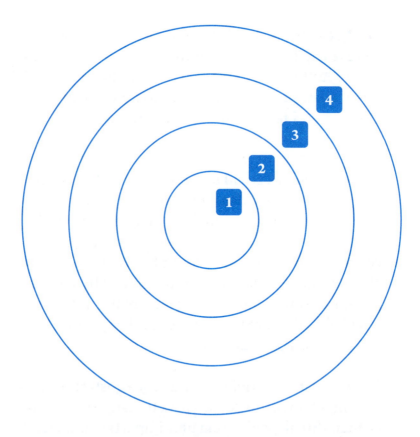

    Depois de trabalhar nos círculos, reflita sobre como a sua *vontade* se manifesta. Que qualidades suas estão associadas a essa potência de sua alma? É essencial que você se aproprie de suas qualidades, que tenha consciência da presença delas nas suas ações, porque, assim, você poderá acioná-las quando necessário, já sabendo que elas são suas!

Marque essas qualidades na lista a seguir. Acrescente outras se quiser.

- » perseverança
- » organização
- » fé
- » disciplina
- » coragem
- » persistência
- » calma
- » confiança
- » presença
- » otimismo
- » responsabilidade
- » planejamento
- » visão
- » criatividade
- » bom senso
- » curiosidade
- » imaginação
- » espontaneidade
- » praticidade
- » sensibilidade
- » _____
- » _____
- » _____
- » _____
- » _____
- » _____

Podemos ousar, criar, nos nutrir de conhecimentos novos, de lugares, relações, perspectivas... Como tudo o que é novo, não há garantias de êxito, de resultados, é um risco natural e até esperado para todo ser vivente. Mover-se faz parte do viver. Mover-se com consciência, com intenção, com vontade, é exercício de liberdade para todos nós. Portanto, não é um sair do lugar apenas por força dos ventos, é também mover-se por uma grande causa que é por si mesmo, pela vontade de ser do tamanho que se pode ser.

capítulo 8
sustentando o crescimento

A *necessidade de segurança*

A **segurança é um dos itens mais requisitados** quando pensamos em nossas necessidades para crescer. É comum que pais orientem seus filhos a encontrar uma profissão e um trabalho que lhes dê segurança, como um concurso público, por exemplo. Também é frequente buscarmos o mesmo nos relacionamentos afetivos, quando, após os encontros iniciais, há um desejo de garantia sobre como a relação se desenvolverá a partir de então. Essa necessidade até invade nossos sonhos materiais de ter uma casa própria, um lugar fixo para morar ou para tirar férias. Se antes nos preocupávamos com a poupança, hoje pensamos em investimentos sofisticados com a mesma intenção de guardar para não faltar ou para um dia poder usufruir. Buscamos segurança de muitas formas, em muitas áreas de nossas vidas, mas... por quê?

Podemos levantar muitas hipóteses, mas há um ponto de partida comum a todas elas: *a certeza de que haverá faltas, e de que é preciso nos proteger delas.* A princípio, essa afirmativa parece correta (já que a falta faz parte), mas ela carece de uma reflexão quanto à necessidade de nos protegermos das faltas. Será que precisamos mesmo nos proteger? Somos assim tão frágeis? Viver é tão perigoso? Se a vida nos é dada sem garantias, com seu caráter impermanente e imprevisível, não deveríamos ser capazes de lidar com a vida como ela é, sem nos protegermos tanto?

É verdade que o modo como a vida humana se dá ainda é desafiador, requerendo de nós muitos asseguramentos para nossa sobrevivência. Nada mais justo do que irmos em busca de condições que nos permitam viver melhor. O problema está em quando a finalidade do viver se transforma em uma busca por segurança. Nessa direção, nosso olhar se afina com a falta, com a escassez, com o medo de sofrer. Aqui, possibilidade vira destino, deixando pouco espaço para criarmos soluções diante dos desafios. Por conseguinte, revela a pouca confiança que temos em nossa capacidade de nos cuidarmos a partir da segurança que sentimos.

Sem querer negar a instabilidade que o viver traz a todos nós, há ainda a possibilidade de que a segurança seja uma necessidade-meio, ou seja, ela se desloca do posto de *finalidade da vida* para se tornar um dos *recursos para viver*. Desse modo, nosso olhar pode se dirigir para horizontes mais vastos, afinando-se com a esperança, com a plenitude, com a confiança.

Então, vamos olhar a segurança por dentro. Ela se constitui de dois pilares: *previsibilidade* e *familiaridade*. Significa dizer que, para nos sentirmos seguros, precisamos identificar a presença dos dois eixos em nossa experiência. O contrário também é verdadeiro, ou seja, nos sentimos inseguros quando há falta de previsibilidade e/ou familiaridade em nossas experiências. Um exemplo simples: certa vez, em um fim de tarde, eu estava em um ponto de ônibus de uma cidade grande que eu conhecia muito pouco. O ônibus estava demorando muito para passar, e o ponto foi esvaziando e a noite chegando. Junto com ela, a chuva se fez presente. Pronto! Cenário perfeito para eu me sentir insegura: não havia previsão de quando o ônibus passaria e se haveria nele lugar para mim; além disso, nada ao meu redor era familiar, pois o lugar e as pessoas me eram totalmente estranhas. Insegura, consegui pensar em poucas soluções, então, decidi esperar mais um pouco, sentindo-me muito ansiosa, aflita e desamparada na noite daquela cidade. Um pouco antes de o ônibus chegar, consegui localizar o ponto de táxi mais próximo, o que me proporcionou uma sensação de algo familiar e a certeza de que chegaria ao local desejado de algum modo. Quando o ônibus finalmente parou no ponto, todas aquelas sensações de insegurança se desfizeram e senti como se chegasse em casa, entrando no veículo todo iluminado, com pessoas e um assento que eu poderia ocupar.

Na verdade, nos movemos no mundo diariamente porque contamos com vários asseguramentos. Contamos com a *previsibilidade* quando acordamos na hora certa, quando há água no chuveiro para um banho, alimentos disponíveis na cozinha, quando o ônibus passa na hora prevista para nos levar ao trabalho. E tudo isso nos é tão pleno de *familiaridade* que não precisamos pensar para dar seguimento a cada passo; rapidamente, conseguimos preparar o que comer porque os alimentos são conhecidos, assim como os espaços físicos também são todos conhecidos. Sabemos até qual é a roupa que vestiremos sem muito esforço. E, assim, sentimos conforto físico e emocional na simplicidade da rotina que nos oferece um oásis na impermanência de que é feita a vida, e que traz tantos desafios imprevistos para atravessarmos.

Isso nos é tão habitual que só percebemos a sua importância quando, por alguma razão, um dos seus eixos nos faltam. Experimentamos isso em relação a sentimentos de frustração, por exemplo, na sua expressão mais simples. Pode ser que a falta de segurança seja de uma intensidade tão grande a ponto de gerar muito sofrimento, como ocorreu no caso da pandemia: não sabíamos quanto tempo duraria e nem quando a vacina chegaria – ausência de *previsibilidade*. Tudo o que compunha nossa rotina de vida desapareceu e o medo de morrer se espalhou por todos os lugares e pelos contatos que tínhamos. Além disso, tivemos que adotar muitas regras novas em pouco tempo – perda de *familiaridade*.

De posse desse entendimento e em situações em que estamos nos sentindo inseguros, podemos identificar onde perdemos a previsibilidade e/ou a familiaridade. A partir dessa identificação, podemos dirigir nossa busca para a restauração desses pilares a fim de reconstituir-mos o bem-estar que a segurança oferece. Assegurados, podemos olhar mais longe e restabelecer a confiança de que somos capazes de enfrentar o que se apresenta para nós em determinado momento.

Uma outra coisa que fazemos muito é: somente nos permitimos transitar por espaços familiares e situações previsíveis. Esse tipo de escolha torna a nossa vida muito restrita, empobrecida de experiências e de aquisições de novos aprendizados. Viver sem nenhum risco atrofia nossa inteligência, pois não há desafios que requeiram a busca de novas soluções. Além disso, a extensão da familiaridade se torna cada vez maior quanto mais nos lançamos à vida, e quanto mais elementos compõem o nosso leque de previsibilidades, e isso produz mais chances de nos sentirmos seguros a partir da caminhada própria. Nos mantermos aquém de nós mesmos a fim de afastar qualquer possibilidade de sofrimento é seguir na direção da mesmice, e fomos feitos para a expansão, nunca para o encolhimento.

Assegurar-se para viver, sim! Viver para se sentir seguro, não!

O crescimento para além da segurança: o que o sustenta?

Já vimos que nos assegurarmos para dar conta do viver é algo justo e necessário, mas sempre devemos cuidar para não invertermos a ordem das coisas, ou seja: a direção da vida não deve ser a busca por segurança, pois ela é condição, e não sentido.

Vamos olhar, então, para o que nos apoia em nosso crescimento em uma existência com tantos desafios como a nossa.

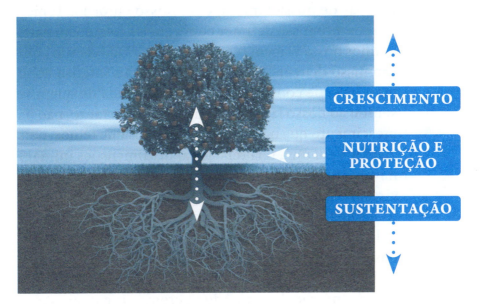

Vou me utilizar dessa ilustração para explicitar como se dá o nosso crescimento espiritual, que envolve todos os outros movimentos – intelectual, financeiro, afetivo etc. –, porque todo crescimento espiritual é a resultante do que empreendemos em todas as áreas da nossa vida, ou seja, de quem nos tornamos como Espíritos, de como nos desenvolvemos intelectualmente, materialmente, emocionalmente... Somos pessoas de bem? Contribuímos para o desenvolvimento coletivo?

Nosso crescimento não é tão somente algo para nosso bem-estar individual, nem muito menos pode ser reduzido às conquistas materiais. Ele tem a ver com propósito de vida, que se estende para muito além de nossos títulos acadêmicos e posses materiais. Esse crescimento envolve nosso modo de conviver com as pessoas de nossa família, com nosso entorno. Temos um compromisso de amor com aqueles com quem partilhamos nossa viagem reencarnatória. Pode ser um compromisso de reajuste, desde o grau mais intenso até o mais leve, de contribuir com a caminhada de quem se sentou ao nosso lado no trem da vida. Portanto, não há crescimento que não toque os vínculos que temos, pois vivemos em uma teia relacional de dimensões inimagináveis, principalmente nesse momento em que o meio virtual é capaz de nos levar a grandes distâncias. Quase todos nós viramos verdadeiros influenciadores digitais pela facilidade de compartilhamentos em rede, tanto das coisas mais triviais quanto das mais úteis.

Nosso crescimento precisa ter direção. Temos que colocar no papel para onde queremos ir e quais ações serão as mais adequadas para chegarmos a esse lugar. Afinal, todos somos dotados do "desejo incessante do melhor",[72] e já vimos no capítulo anterior que precisamos cuidar do nosso medo para que ele não impeça a nossa expansão.

Porém, quando fazemos movimentos de crescimento e o fracasso vem, o desânimo pode tomar conta, e,

---

72. Allan Kardec. *O Evangelho segundo o espiritismo*. Trad. Guillon Ribeiro. 120. ed. Brasília: FEB, 2022. [cap. XXV, item 2]

invariavelmente, a primeira ideia que nos ocorre é que não deveríamos ter feito aquele movimento em primeiro lugar, que deveríamos ter ficado pequenos mesmo. O que será que não fizemos direito? Críticas negativas a nosso respeito aparecem de modo intenso; só olhamos para os frutos que não nasceram da árvore que plantamos com tantas certezas.

A questão é que pouco se fala a respeito da necessidade de sustentação que precisamos fazer antes, durante e depois de todo o processo. Por isso, resolvi trabalhar aqui a ilustração da árvore que vimos anteriormente: para que você possa usá-la para refletir. Toda semente leva um bom tempo na escuridão da terra, criando raízes, buscando caminhos interiores para oferecer sustentação à futura árvore que surgirá. Até aparecerem as primeiras folhas, a semente já trabalhou por muitos dias, de modo invisível para nós, a fim de oferecer aquele pequeno caule que surge diante dos nossos olhos; as raízes continuarão se aprofundando durante todo o tempo que a árvore viver, para dar condições a ela de suportar tempestades, ventos, sol intenso e tantas outras adversidades, como também para oferecer frutos saborosos e sombra fresca. São as raízes que sabem encontrar a água e os nutrientes necessários para que a árvore possa viver. A esse processo imenso, damos o nome de *sustentação*.

Trazendo para a nossa experiência de Espíritos que somos, todo o nosso movimento de expansão na vida, de crescimento visível de qualquer projeto de ordem profissional, familiar ou outra, necessita inexoravelmente de sustentação. Se assim não for, no primeiro vento, na primeira adversidade, teremos uma decepção que nos fará duvidar do crescimento, e não da nossa falta de sustentação.

E o que seria "sustentar" em termos de projeto de vida? Vejamos:

» Diante do crescimento que queremos alcançar, discernir ao que precisamos dizer SIM e ao que precisamos dizer NÃO; só assim esse crescimento será concretizado. Ou seja, não há como empreendermos movimentos novos em nossas vidas sem renunciar ao que já vivemos e sem realizar novas ações. Se queremos mudar, e mudar para melhor, necessitamos desapegar de algo velho. É necessário deixar para trás até aquilo de que gostamos muito em nome do novo patamar que queremos alcançar. Ao mesmo tempo, necessitamos ter um olhar aberto para "garimparmos" no mundo, para sabermos que ação diferente precisaremos realizar para crescer (e para não escolhermos as coisas já conhecidas).

» Quando já soubermos discriminar o SIM do NÃO, precisaremos adotar práticas espirituais de manutenção dessas novas escolhas, porque nossa tendência será voltar para os movimentos antigos e conhecidos (seguros). Portanto, devemos escrever essas duas listas – a do sim e a do não – em uma folha de papel e colocá-las em algum lugar que esteja sempre ao alcance da nossa visão, a fim de podermos afirmá-las com intenção. Meditar tendo os itens firmados no pensamento é uma boa prática de sustentação. Orações diárias são necessárias para que possamos nos ouvir nesses pedidos e sermos atendidos pela Espiritualidade Maior: *clareza* quanto ao projeto e *força* para manter a direção, sem desistir. Esses dois itens constam de *O Evangelho segundo o espiritismo* de maneira bem clara. Os Espíritos esclarecem o que podemos pedir em uma prece; como Jesus nos ensinou, se buscarmos, certamente acharemos.[73]

» Também teremos que fazer acordos novos com as pessoas com quem convivemos. Todas as vezes que fazemos mudanças, nossos vínculos se ressentem, mesmo que de modo não intencional. Precisaremos pedir às pessoas que nos ajudem a manter os novos movimentos, pois nosso comportamento se modificará. Talvez, nossa disponibilidade para estar com elas diminuirá temporariamente. Caso não tenha a aprovação desses entes queridos na nova empreitada, peça por eles em suas orações, além de por você, para que as relações possam resistir às mudanças necessárias. Só não desista de crescer!

---

73. Allan Kardec. *O Evangelho segundo o espiritismo.* Trad. Guillon Ribeiro. 120. ed. Brasília: FEB, 2022. [cap. XXV, item 5]

Como você pode perceber, a sustentação é fundamental para que qualquer crescimento tenha êxito. Podemos ter projetos lindos e incríveis, mas, se não trabalharmos a sustentação antes, durante e depois, tudo poderá se desfazer em um piscar de olhos.

Além da sustentação: a nutrição e a proteção

Junto da sustentação sempre há nutrição! Então, toda a atenção que dermos à semente debaixo da terra, na criação das raízes que sustentarão toda a vida da nossa árvore, teremos que dar também ao alimento. Se as raízes viverem em uma terra seca, empobrecida de nutrientes, nossa árvore não vai dar conta de sua tarefa. É preciso cuidar da terra: oferecer água, sol, vento. Também precisaremos podar e retirar as ervas daninhas que rondam os galhos e manter afastados os pássaros que comem os frutos.

Para o crescimento, além da nutrição, será preciso pensar na proteção. Uma plantinha que ainda não virou árvore precisa de estaquinhas de madeira que assegurem o crescimento do caule. Às vezes, será preciso cercar o canteiro para que ele não seja invadido por animais.

Trazendo a alegoria para a nossa experiência: devemos nutrir nosso projeto com tudo aquilo que nos faz bem e nos mantém conectados a ele. É momento de entender o que é foco: ações que nos mantêm ligados, próximos, interessados, convocados àquele crescimento. Não devemos permitir que distrações nos desviem dessa direção, mesmo que sejam tão interessantes e prazerosas, pois elas têm o poder de diminuir a força da nossa presença ali, na consecução do que queremos. Podemos elaborar pequenas listas de coisas que nos ajudarão a manter nosso foco com base em algumas perguntas:

» O que me nutre?
» Que ações me ajudam a ficar concentrado, presente na direção que quero seguir?
» Que relações preciso cultivar e de quais preciso me afastar, mesmo que temporariamente, para manter meu foco de ação?

Quanto à proteção, é hora de pensar nos limites. Eles são as cercas, as estaquinhas que sustentam o caule, e que representam aqui os limites relacionais. Precisamos estabelecer limites a nós mesmos e aos outros quando estivermos na intenção de crescer. É fácil perceber isso quando queremos estudar para um concurso, por exemplo. Precisaremos estabelecer limites quanto a compromissos familiares e com amigos para podermos nos dedicar aos estudos. Essa mesma ação funciona para qualquer projeto de crescimento.

Há momentos em nossas vidas que crescemos tanto que algumas amizades não mais caberão no novo modo de viver. E isso nos causa uma certa tristeza, porque ainda gostamos muito daquelas pessoas, mas já não conseguimos restabelecer o nível de proximidade que nos era tão caro, porque estamos já em caminhos diferentes. Por vezes, sentimos um vazio grande ou uma solidão sem explicação; porém, é preciso reconhecer os tempos de cheia e os tempos de vazante das marés... Nosso olhar precisa de recolhimento para que tenhamos forças no recomeçar. Novos laços afetivos poderão ser formados nessa nova direção, ou pode ser que sejamos capazes de retomar tais amizades mais à frente, quando estivermos mais fortalecidos. Esses são limites importantes, porque a dispersão a que as relações nos convocam é muito alta. Precisamos pensar também na proteção de ordem espiritual, pois há Espíritos de nossas relações do passado que não percebem nossa modificação e esperam que sejamos os mesmos parceiros da época em que convivíamos. Para eles, nossa mudança é como uma *fake news*, que ninguém vê. Por isso, empreendem muitos esforços para nos desanimar ou atrapalhar, já que para eles não é um movimento autêntico de nossa parte. Precisaremos, então, de orações, trabalho no bem e firmeza nas atitudes para que eles não encontrem brechas em nossos corações. E, se isso acontecer, que seja breve e de rápida resolução de nossa parte, pois podemos sempre cair, escorregar, mas o chão não é nosso lugar! Que possamos nos levantar quantas vezes forem necessárias, porque todas as nossas vivências farão parte de nosso aprendizado. Nossa destinação como Espíritos que somos é, e sempre será, a felicidade.

Nas palavras de Denis:

A vós todos que vos credes gastos pelo sofrimento e decepções, pobres seres aflitos, corações que o vento áspero das provações secou; [...] Não há alma que não possa renascer, fazendo brotar novas florescências. Basta-vos querer para sentirdes o despertar em vós de forças desconhecidas. [...] Sabei que todo homem pode ser bom e feliz [...][74]

---

74. Léon Denis. *O problema do ser, do destino e da dor.* 32. ed. Brasília: FEB, 2017. [cap. XX, p. 296]

Exercício sugerido

- ▶ Liste os movimentos de crescimento que você tem feito ultimamente, ou que você queira empreender. Seja o mais objetivo possível.

- ▶ Identifique e registre sentimentos e pensamentos que você tem tido desde que iniciou esse movimento.

- ▶ Registre as adversidades que têm surgido ultimamente.

- ▶ Elabore duas listas – uma com coisas a que deve dizer "sim" e outra com coisas a que deve dizer "não" – para efetivar esse movimento de crescimento.

- ▶ Quais acordos você precisará fazer – e com quem – para que seu projeto aconteça?

- ▶ Identifique os limites que precisará estabelecer, por agora, para si mesmo e/ou para os outros a fim de que possa proteger seu crescimento.

- ▶ Que tipo de proteção espiritual você pode buscar e que o ajudará a sustentar seu projeto?

- ▶ Quais movimentos de nutrição você precisará fazer para crescer?

Viver sem nenhum risco atrofia nossa inteligência, pois não há desafios que requeiram a busca de novas soluções. A extensão da familiaridade se torna cada vez maior quanto mais nos lançamos à vida, e quanto mais elementos compõem o nosso leque de previsibilidades, e isso produz mais chances de nos sentirmos seguros a partir da caminhada própria. Nos mantermos aquém de nós mesmos a fim de afastar qualquer possibilidade de sofrimento é seguir na direção da mesmice, e fomos feitos para a expansão, nunca para o encolhimento.

Assegurar-se para viver, sim! Viver para se sentir seguro, não!

capítulo 9
a conquista do amor por si mesmo

A benfeitora Joanna de Ângelis nos diz, na obra *Luz nas trevas*, que "o amor é a alma da vida".[75] Essa afirmativa mostra o lugar do amor, que é a expressão mais plena de Deus. Assim, o amor está presente em todos os âmbitos da experiência humana, variando quanto à sua manifestação para adequar-se às necessidades de cada esfera de ação. Temos o amor como força aglutinadora das moléculas de tudo o que existe; temos a ação do amor quando ele liberta o homem do automatismo das ações; temos a operação do amor no progresso da humanidade quando ele transforma a ignorância; também temos o amor quando ele promove a união entre os homens na comunhão dos ideais e, principalmente, no desenvolvimento da afetividade humana.

---

75. Joanna de Ângelis [Espírito], Divaldo P. Franco. *Luz nas trevas*. Salvador: Leal, 2018. [cap. 20, p. 129]

No item 938 de *O livro dos Espíritos*, Kardec, em seu comentário, afirma que é da natureza humana a necessidade de amar e ser amado. E que talvez essa seja a maior alegria, o maior prazer que o ser humano pode experimentar na vida. Significa dizer que todos precisamos muito de amor. Em primeiro lugar, necessitamos sentir o amor de Deus, e, por sermos seus filhos, temos mais do que direito de nos sentirmos amados pelo Pai, pelo Criador. Todos sabemos que o amor de Deus é infinito, e que todos estamos banhados no amor de Deus. E, embora o amor esteja presente em tudo, pois amor é fluxo divino,[76] não basta amar para que o amor se manifeste em nosso entorno. Por que será que tantas vezes em nossas vidas não conseguimos nos sentir amados por Deus? Se não há como duvidar que Deus nos ama, seríamos então defeituosos e por isso não sentimos o amor de Dele? Certamente que não. O que nos impede de sentir o amor de Deus não reside em nossa essência, nem muito menos revela a falta de amor de nosso Pai. Quando sentimos escassez afetiva, quando não nos sentimos amados, não é da existência do amor que devemos duvidar. Para podermos amar outros corações, é preciso haver condições, a fim de que o amor possa ser sentido, percebido por eles. É por isso que, quando amamos, precisamos cuidar também do lugar por onde o amor

---

76. Espíritos diversos, Francisco C. Xavier, Arnaldo Rocha (org.). *Instruções psicofônicas*. 6. ed. Brasília: FEB, 2013. [cap. 36, p. 169]

anda para alcançar os corações queridos. Assim como o sol precisa que as janelas estejam abertas para poder iluminar e aquecer um lar, o amor requer condições para que possa estar presente e se manifestar. Assim, que condições são essas que fazem com que o amor possa ser sentido, percebido, pelos filhos de Deus?

Uma árvore, para dar frutos, deve estar bem plantada para que possa retirar do solo os nutrientes necessários ao seu crescimento. Embora a sua estrutura genética contenha informações sobre como fazer isso, se não houver condições para o crescimento, ela não conseguirá oferecer aquilo que é próprio da sua natureza. Por exemplo: podemos pensar em um cajueiro que oferece cajus tão doces no calor do Nordeste; se for plantado em uma região de neve, jamais conseguirá oferecer a maravilha que é seu fruto. A mesma coisa acontece com o homem: para que possa se desenvolver e oferecer ao mundo o seu melhor, ele precisa estar em seu lugar. Isso significa dizer que, quando o homem não se sente amado por Deus, é porque ainda não conseguiu habitar seu lugar próprio na vida. Dessa forma, não basta nascermos para sentir que esse é o nosso lugar no mundo. Habitar o mundo é um processo que cada um de nós precisa estabelecer, construir e, principalmente, cuidar. Para conseguirmos habitar o mundo a fim de nos nutrirmos, nos alimentarmos em todas as dimensões da vida, precisamos nos sentir pertencentes aos grupos e aos espaços pelos quais transitamos. Podemos, então, concluir que o pertencimento é uma das necessidades humanas mais básicas. Vamos pensar em termos reencarnatórios como esse processo acontece.

Estamos nos dirigindo para o mundo de *regeneração* que começa no coração do homem. Quando um Espírito está prestes a começar a jornada reencarnatória, chega aqui com muita esperança, com muitos sonhos de poder fazer diferente. Porém, ao mesmo tempo, sente muito medo de falhar, de repetir os passos equivocados do passado. O medo e a esperança compõem esse recomeço porque também reencarnamos quando há condições, e não quando queremos. Podemos até afirmar que temos mais medo de reencarnar do que de desencarnar. E isso se dá porque, ao recomeçarmos, tudo pode acontecer de forma diferente daquela que imaginamos e gostaríamos, principalmente quanto ao amor. Esse é o assunto mais importante, porque, em última análise, sendo a evolução a finalidade de uma reencarnação, ela só pode se dar por meio do aprendizado do amor. O modo como cada um de nós fará esse caminho é singular, pois dependerá do nosso nível de amadurecimento.

O período de 0 a 7 anos de idade corresponde à primeira fase pela qual o Espírito transita ao reencarnar. Por volta dos 7 anos, ocorre a primeira ancoragem do Espírito ao corpo depois do nascimento. Portanto, a primeira infância é a época em que a alma está mais vulnerável em todos os sentidos: cognitivamente, corporalmente, espiritualmente, emocionalmente etc. É uma etapa de total dependência da família, na qual recebe as condições necessárias para seu crescimento. Deus conta com os pais para fazerem a diferença na história evolutiva desse Espírito que recomeça. Justamente porque o Espírito se encontra mais vulnerável para aprender é que também fica mais desprotegido e, portanto, mais sensível aos atritos da convivência familiar, com mais possibilidades de ser ferido. Para poder atravessar a infância e alcançar a adolescência, a criança buscará o equilíbrio possível. Podemos dizer que todo adulto é sobrevivente da infância e da adolescência, pelas inúmeras adversidades que precisa enfrentar em uma fase da existência em que seus recursos estão ainda em processo de construção e conquista.

Todos experimentamos precariedades familiares, pois nossos pais são pessoas feridas como nós. Do nível reencarnatório no qual nos encontramos, mesmo quem em épocas diferentes, ninguém sai ileso. Todos podemos ter feridas mais graves ou menos intensas. É até possível que já tenhamos nos esquecido de algumas das dores que sentimos, mas nosso corpo não esqueceu; ele não esquece. O corpo físico tem a memória afetiva dos acontecimentos de nossa vida inteira, desde o útero até a morte física. E quando a desencarnação ocorre, o períspirito carrega consigo essa memória para onde quer que vá. Portanto, sempre é momento de aproveitarmos as possibilidades de nos cuidarmos.

Joanna de Ângelis, em sua obra *Em busca da verdade*,[77] utiliza a expressão junguiana "arquétipo da criança

---

77. Joanna de Ângelis [Espírito], Divaldo P. Franco. *Em busca da verdade*. Salvador: Leal, 2009. [cap. 5]

ferida" para designar esse momento reencarnatório do Espírito. Nessa idade, nos ferimos pela vulnerabilidade que nos é própria e pelos poucos recursos que temos para nos proteger. É uma etapa da vida em que todas as crianças encontram um equilíbrio precário para sobreviver. Podemos assim dizer que, simultaneamente, estamos muito abertos para aprendizados e, consequentemente, para nos machucarmos também.

Depois dos 7 anos, vêm os desafios da pré-adolescência, que podem agravar os acontecimentos da infância. Na verdade, levamos as feridas do início reencarnatório para a vida inteira. É exatamente isso que Joanna denomina de "sofrimento por condicionamento", que ela explicita no livro *Plenitude*.[78] Ela nos convida a olhar e a curar essas feridas o quanto antes para que nosso Espírito possa se desenvolver o mais livremente possível das cargas do passado. Precisamos nos cuidar para levarmos dessa encarnação mais aprendizado e abertura para o amor.

Voltando para a questão do pertencimento: essas feridas emocionais dificultam o sentir pertencente, porque a ambientes afetivos nos quais somos feridos não queremos pertencer. Nos entregarmos, pertencermos, se torna doloroso. Nessas circunstâncias, gostaríamos de estar em outros lugares, com outras pessoas, e sentimos muita dificuldade em pertencer aos espaços, às relações

---

78. *Idem. Plenitude*. 13. ed. Salvador: Leal, 2002. [cap. II, p. 27]

e assim por diante. Muitas vezes, até a ligação com nosso próprio corpo não é confortável. Como podemos sentir amor assim, se ainda não habitamos nosso corpo, nosso espaço nos relacionamentos e nos lugares?

É desse modo que um Espírito, na fase infantil, se torna impermeável para o amor, progressivamente. De modo não consciente, são erigidos muros entre o Espírito e o mundo... Essas são as defesas da alma. Por outro lado, precisamos perceber que esse movimento da alma é algo muito inteligente, pois nos possibilita seguir em frente e nos ajuda a sobreviver. Nossa criatividade, que é intensa na infância, nos ajuda a criar defesas eficazes para nos mantermos vivos. A questão é que, de tanto nos utilizarmos delas, passamos a tomá-las como características pessoais. Precisamos nos conscientizar de que nossas defesas não definem quem somos. Portanto, não somos submissos, agressivos, tímidos ou preguiçosos... Esses são movimentos de defesa, estratégias de sobrevivência. Há que se fazer o caminho de volta para casa e perguntar com muito amor: "Quem sou eu para além das minhas defesas?"

Para usufruir do aprendizado moral que os relacionamentos oferecem é preciso desistir das armaduras para que o amor possa fluir. Amor é fluxo divino, e não uma caixa que temos dentro de nós e que está cheia ou vazia de amor. Somos almas em comunhão, verdadeiros lugares de passagem do amor. E no instante que nos abrimos para o amor e oferecemos amor, nos tornando canais afetivos uns dos outros. Esse mesmo amor nos envolve, nos nutre e nos eleva. Para tanto, é necessário desbloquear o nosso coração para o amor passar. E como é que tudo isso pode se dar?

O primeiro passo é reconhecer nossas defesas e compreender o contexto em que elas se constituíram em nossas vidas. Nesse processo de entendimento sem julgamentos, devemos realizar uma espécie de "amorização" por nós mesmos. O Espírito deve olhar com acolhimento para si mesmo, à medida que compreende os passos que deu em sua trajetória para sobreviver aos tempos difíceis da infância e da adolescência. Porém, é necessário não se vitimar nem se criticar nessa retomada de si, pois essas duas atitudes tornam as defesas mais vigorosas ainda e impedem a superação delas, o libertar-se delas. Nesse diálogo interior, por exemplo, podemos dizer para nossas velhas defesas que já houve um momento em nossas vidas em que sentimos mesmo muita dor, mas que agora podemos nos proteger de outro jeito, sem vestir armaduras. E, assim, reconhecendo nossas defesas e estabelecendo um diálogo amoroso e compreensivo para conosco, podemos dar o segundo passo, que é o de desistir de nos defendermos e nos recolocarmos a caminho, abertos e mais leves na vida.

Cabe aqui um incentivo à presença dos grupos de evangelização nas casas espíritas. A evangelização de crianças e jovens é uma excelente oportunidade de cuidado das feridas emocionais desses Espíritos em crescimento.

Se um Espírito tem notícias do amor de Jesus na infância, ganha fortaleza moral para seus desafios na adolescência. Não é à toa que o Mestre convidava as crianças para ter com ele, para respirarem sua atmosfera divina. Nossas crianças estão chegando à adolescência muito frágeis, destituídas de força para enfrentar a transição planetária que estamos atravessando. Estamos caminhando para lá de modo sobrevivente, a passos inseguros. Vivemos uma aceleração em que não dá tempo de sermos quem somos, porque nem o sabemos, na verdade. Não há tempo para o processo de maturação natural da alma; o que há é a urgência constante de atendermos a demandas de ordem completamente exterior às necessidades mais essenciais de nossas almas.

Mais do que nunca, se torna necessário nos aproximarmos do que nos orienta Kardec na lei da sociedade: "Homem nenhum possui faculdades completas. [...] os homens foram feitos para viver em sociedade e não insulados."[79] Precisamos, então, de família, de convivência, porque nenhum de nós pode tudo. Podemos até querer muito, mas o que podemos efetivamente realizar tem limite. A incompletude de cada um faz parte do processo evolutivo em que nos encontramos e a convivência surge como oportunidade para cada um de nós. Não há como ocorrer conquista moral no isolamento; a convivência é necessária para não cairmos na armadilha arrogante do fechamento em nós mesmos. Por exemplo: como desenvolver a bondade sem conviver? Como sair do egoísmo e experimentar a gentileza e o amor se não tivermos com quem ser gentis, ou a quem amar?

---

79. Allan Kardec. *O livro dos Espíritos*. Trad. Guillon Ribeiro. 93. ed. Brasília: FEB, 2022. [item 768]

Precisamos dos outros, sim, e precisamos muito mais do que podemos imaginar. Além disso, para aprender e conquistar qualquer valor moral, precisamos ter os outros como espelhos, pois é neles que vemos as faces que não temos coragem de ver em nós mesmos, faces nossas que não percebemos. Elas se encontram em espaços de nossas almas que não podemos visitar sem o convite do outro. Essa ênfase em buscarmos o relacionamento com outros tem fundamento na afirmativa que consta de *O Evangelho segundo o espiritismo*: "Aquele [...] que se isola priva-se voluntariamente do mais poderoso meio de aperfeiçoar-se".[80]

É importante atentar para o fato de que é assim que a solidão começa: em forma de pequenos isolamentos, pequenos "nãos" que vamos dizendo, para nós e para os outros. Quando escolhemos ficar a sós em reação a convivências difíceis, recusando a convivência que doeu, também estamos dizendo não para as experiências afetivas que os relacionamentos oferecem. E isso significa: não vou conviver, não vou crescer, não vou aprender, não vou amar... O espiritismo propõe um outro caminho, o da reflexão ativa, por meio do qual podemos nos investigar em vez de nos afastar: Qual é o modo mais frequente de convivermos? Onde costumamos transitar mais comumente, nas defesas ou mais próximos à

---

80. *Idem. O Evangelho segundo o espiritismo.* **Trad. Guillon Ribeiro. 120. ed. Brasília: FEB, 2022. [cap. XVII, item 10]**

essência de quem somos? Nas relações mais próximas, oferecemos nossa melhor versão? Percebemos nossos sinais de defesa diante dos relacionamentos desafiadores? Quais esforços já conseguimos empreender na direção da expansão de quem somos?

Emmanuel, no livro *Fonte viva*, afirma:

> Se desejas emancipar a alma das grilhetas escuras do "eu", começa o teu curso de autolibertação, aprendendo a viver [...] "com todos e sem ninguém".[81]

O convite do benfeitor é o de desistir de habitar os extremos a que tanto costumamos nos dirigir: dependência ou autossuficiência. Geralmente, por medo da dependência, corremos para a autossuficiência. E quando o isolamento que a autossuficiência causa começa a doer, nos entregamos desesperados ao seu inverso. Não é assim que nos curaremos desses movimentos. Cada um de nós está vivendo seu processo de solidão fundamental, que é de todos. Emmanuel afirma nesse mesmo texto que somos "peregrinos necessitados de aconchego e socorro". Admitir nossa necessidade é de capital importância para podermos sair da reatividade conhecida. Necessitar afeto não é defeito nem algo a ser superado. Em primeiro lugar, ser peregrino significa ter um lugar a chegar, pois não se anda esmo ou apenas para ocupar

---

81. Emmanuel [Espírito], Francisco C. Xavier. *Fonte viva*. 37. ed. Brasília: FEB, 2015. [cap. 47, p. 133]

o tempo de viver. Ser peregrino significa estar em uma jornada curativa; estando nela, além de olharmos para nossas dificuldades, temos que cuidar de nossas necessidades mais básicas a fim de podermos chegar até o fim e de almas crescidas.

Em vez de defender o isolamento, a indiferença e a reatividade agressiva, podemos identificar onde dói e como dói quando estamos junto do outro e cuidar disso. Esse é um processo que nos leva à conquista da liberdade de ser. Desse modo, não precisaremos mais nos encolher para cabermos nos relacionamentos. Poderemos ser quem somos, mas de modo cuidadoso para conosco e para com os outros. Poderemos até avisar os outros quando estivermos mais sensíveis, vulneráveis, e assim nos recolhermos um pouco. Poderemos nos dirigir a ações que nos deixem mais seguros, mais confortáveis diante de encontros inevitáveis com aqueles que apresentam um modo de ser mais desafiante para nós. Há relacionamentos que se dão de modo muito lesivo, e talvez estejamos estimulando no outro o que há de pior e vice-versa. Nesses casos, torna-se necessário repensar essas relações e escolher a distância saudável entre nós. Esse é um momento de auto-observação, que serve para identificarmos nossos pontos vulneráveis e para admitirmos que também podemos estar presos no prazer do sofrimento. Nas palavras de Joanna de Ângelis:

As causas profundas das doenças, portanto, estão no indivíduo mesmo, que se deve autoexaminar, autoconhecer-se, a fim de liberar-se desse sofrimento.[82]

Nesse processo de auto-observação que nos permite tomar decisões conscientes, o amor se manifesta gentilmente por meio de acordos de aproximações e de afastamentos que promovem a saúde nos relacionamentos.

No processo de isolamento, somos presa fácil para a obsessão. O obsessor é alguém ferido, machucado, com uma visão curta da vida dele e da nossa também. As feridas não permitem que ele nos veja de um modo melhor e nem que note as mudanças que já fizemos. Para um obsessor, existe a expectativa de que o outro sinta a dor que ele sentiu, que sinta o mesmo sofrimento ou pior. Pois bem, é no isolamento que ele consegue a nossa atenção integral para ele, justamente quando estamos mais vulneráveis e nada abertos aos conselhos e à ajuda dos amigos encarnados e desencarnados.

Atualmente, nossos filhos ficam em seus quartos sozinhos, dias e noites distraídos com jogos de computador. Isso não é saudável, em primeiro lugar, pela vulnerabilidade espiritual que proporciona; em segundo lugar, porque os relacionamentos virtuais não oferecem crescimento, pois nessa modalidade de relação não há contato que promova experiência de transformação. São

---

82. Joanna de Ângelis [Espírito], Divaldo P. Franco. *Plenitude*. 13. ed. Salvador: Leal, 2002. [cap. II, p. 24]

laços de pouca profundidade. Nesses casos há necessidade de criarmos estratégias de convivência para que os filhos possam voltar a conviver, compartilhar, trocar em família. E, para cada filho, precisamos encontrar uma estratégia singular, pois são Espíritos com necessidades diferentes. Nascemos de *dois adultos*, isso significa que a educação de um filho é algo de muito encargo para *um adulto só*. Isolamento não é decisão, é reatividade! É sair das convivências porque elas nos incomodam sem que possamos identificar o que acontece conosco. Esse comportamento não oferece crescimento nenhum.

Diante de tudo isso, como se dá a proteção espiritual? Nas escolhas desviantes, os protetores apenas inspiram e aguardam a nossa volta ao caminho do crescimento. A palavra *apenas*, aqui, é para expressar que jamais se dá de modo invasivo. Eles aconselham, mas jamais determinam ou interferem de modo dominante em nossas vidas, conforme vemos no item 486:

> Os bons Espíritos fazem todo o bem que lhes seja possível e se sentem ditosos com as vossas alegrias. Afligem-se com os vossos males, quando os não suportais com resignação, porque nenhum benefício então tirais deles [...][83]

---

83. Allan Kardec. *O livro dos Espíritos.* Trad. Guillon Ribeiro. 93. ed. Brasília: FEB, 2022. [cap. IX, 2ª parte]

A doutrina espírita não é prescritiva, ou seja, não decide no nosso lugar o que cada um de nós precisa realizar. Porém, é uma proposta orientadora à medida que mostra as consequências das ações que cabe a cada um escolher.

Nessa direção, o que o espiritismo nos diz sobre como superar a solidão proveniente do isolamento? Kardec pergunta aos Espíritos, no item 645,[84] se temos como resistir à atmosfera dos estados viciantes da alma. Os benfeitores afirmam que resistir a esses arrastamentos é uma possibilidade para nós, sim, e que esse esforço é algo que vale a pena pela libertação que podemos alcançar. Portanto, diante do isolamento, precisamos cuidar da tendência que temos de nos deixar arrastar pelo medo de amar. A ilusão de que estamos livres dos relacionamentos que nos incomodam promove, a curto e a médio prazos, a dor do isolamento, porque exclusões sucessivas trazem inevitavelmente esse tipo de sofrimento. Deixar-se arrastar pelas más paixões é o mesmo que afirmar que estamos grudados na nossa defesa emocional. Significa que nos identificamos tanto com nossas defesas que ficamos permanentemente reativos sem perceber, nos deixando levar por emoções em desalinho com nossos propósitos. Nesses casos, ferimos nossos semelhantes, mas somos nós os mais prejudicados, pois

---

84. Allan Kardec. *O livro dos Espíritos*. Trad. Guillon Ribeiro. 93. ed. Brasília: FEB, 2022. [cap. I, 3ª parte]

nos colocamos permanentemente afastados do fluxo do amor divino que está presente em todos os lugares.

Como disse anteriormente, temos que é preciso habitar nosso lugar para podermos fluir na vida, para podermos receber e sentir o amor de Deus em nós.

Outro ponto que gostaria de aprofundar aqui diz respeito aos traumas. Esses também nos impedem de sentir, de nos conectar com o amor divino, porque as experiências traumáticas nos retiram de nosso lugar natural. Quando passamos por uma experiência traumática, nossa alma se recolhe. Ninguém atravessa um trauma de braços abertos. Para podermos seguir em frente e continuar a dar conta da vida, uma parte de nós se retrai. É como se salvar de um incêndio levando apenas o que as mãos podem carregar, tendo, assim, que deixar o resto todo para trás. O medo da dor não nos permite uma expressão plena, pois, parece que, se a expansão vier, sofreremos novamente. Até nossa grandeza fica assustadora para nós. Cultivamos a fantasia de que, se sentirmos tudo, não aguentaremos. Léon Denis diz que a dor são asas que nos libertam dos apegos.[85] Se observarmos nossa própria dor e nos lembrarmos de que ela é nossa asa, podemos nos libertar, pois evitar sentir as dores da vida nos tira outras possibilidades, principalmente a do crescimento. Se a dor está presente, não adianta fugir, e produzir anestesias, nos prende

---

85. Léon Denis. *O problema do ser, do destino e da dor*. 32. ed. Brasília: FEB, 2017. [cap. XXVI, p. 353]

na racionalidade. Nessas situações, muitas sensações se misturam e o desejo mais imediato que temos é o de nunca mais sentir. Léon Denis nos mostra que, apesar de querermos não mais sentir, isso não é uma escolha justa diante da nossa necessidade de desenvolvimento:

> A dor e o prazer são duas formas extremas da sensação. Para suprimir uma ou outra, seria preciso suprimir a sensibilidade. São, pois, inseparáveis em princípio e ambos necessários à educação do ser, que, em sua evolução, deve experimentar todas as formas ilimitadas, tanto do prazer como da dor.[86]

Porém, junto dessa nossa força que se recolhe, também nascem tantas outras que nem imaginávamos possíveis. Talvez seja por isso que Jesus tenha dito, com tanta compaixão por nós, que são bem-aventurados todos os aflitos, pois a aflição é um sinal importante. A aflição é bem-vinda porque revela que estamos saindo da anestesia, da defesa da dor, da retração de nossas almas. Nesse primeiro momento de "saída" de nossos traumas afetivos, dói, sim. É uma dor necessária, de descongelamento, mas tem fim, pois, como disse Jesus, *serão consolados*. Somos bem-aventurados porque decidimos renunciar à defesa que impede nosso crescimento. O começo da dor é sinal de melhoria, porque ali se inicia

---

86. Léon Denis. *O problema do ser, do destino e da dor.* 32. ed. Brasília: FEB, 2017. [cap. XXVI, p. 348]

a possibilidade de ser tocado, de novo, pelo amor. Ali começa o diálogo entre lugares de nossas almas que não conversavam entre si desde quando fomos feridos pelos incêndios em nossas vidas.

Mas a consolação não é um instante; é um processo de cura. É preciso cuidar, visitar as dores que se tornaram paredes e muros entre nós e os outros, entre nós e Deus, e certamente dentro de nós mesmos. Nessa visita ao nosso coração, podemos dar lugar e tempo para nossas emoções, e, assim asserenados, teremos condições para prosseguir. Para isso, devemos estabelecer um exercício de amor diário para conosco. Esse é o remédio mais valioso para a solidão, porque nunca mais ficaremos desacompanhados de nós mesmos. Nós somos quem mais sabemos sobre nossas dores e nossos esforços para nos mantermos de pé. Quem seria a melhor companhia para nós nesses momentos de auto-observação e acolhimento? E além de nós próprios, contamos com o concurso incondicional da Espiritualidade Maior, que nos assiste nessa conquista de nossa maioridade espiritual. Na verdade, tudo isso nada mais é do que um exercício de restabelecimento da nossa fé. A perda de fé em todos os âmbitos na qual ela se manifesta decorre desses bloqueios emocionais que vimos até aqui. Fé raciocinada é assim, ela se enraíza em nossas reflexões contínuas e atualiza percepções em conexão com a realidade que nos cerca.

Portanto, para que o amor se manifeste abundantemente em nossas vidas, tal como é oferecido por Deus incessantemente, precisamos seguir a orientação amorosa de Joanna de Ângelis:

Desarma-te das precauções afetivas, anula na mente os insucessos vividos, esquece as angústias e a ingratidão, e deixa que o amor te dê vida.[87]

Para construir o amor-próprio é preciso que cada um carregue o que é necessário e adequado à própria idade física e emocional. À medida que crescemos, novas responsabilidades se apresentam e nos encontram em condições de abraçá-las. É assim que, progressivamente, construímos autoconfiança, autorrespeito, autoestima.

A questão é que as famílias trazem consigo muitas precariedades afetivas, o que faz com que crianças e jovens se sobrecarreguem com sentimentos que não são seus para salvar seus pais e/ou irmãos. Para isso, tomam para si responsabilidades maiores do que suas condições de cuidar. Os efeitos disso na alma são os mesmos que afetam um músculo do corpo que, ao sustentar um peso que está além da sua capacidade, traumatiza-se, fica com suas fibras lesionadas; a alma também se lesiona. Crianças que viveram essa experiência, por exemplo, de suprir a carência de seus pais ou de dar limites às violências

---

87. Joanna de Ângelis [Espírito], Divaldo P. Franco. *Luz nas trevas*. Salvador: Leal, 2018. [p. 132]

familiares precisaram tomar atitudes de adulto antes do tempo sem terem "músculos" fortes na alma para isso. Com o passar do tempo, ao chegarem à idade adulta sem terem construído seu amor-próprio, têm pouca conexão e cuidados consigo, poucos limites.

Faz-se necessária, então, uma viagem de volta para casa, ou seja, um olhar retrospectivo para o início da vida que seja amoroso, a fim de refazer uma reconexão consigo mesmo. Dessa forma, existe uma boa chance de o amor voltar a fluir naturalmente.

Vamos olhar para a sua passagem pela primeira e pela segunda infância até a adolescência. Nesses períodos da vida é que construímos todos os valores essenciais.

Exercício sugerido

▶ Em uma folha de papel, faça uma linha da vida que comece em 0 e que chegue até os 21 anos de idade. Registre tudo o que lembrar sobre os acontecimentos importantes de sua vida (difíceis ou não).

▶ Anote os sentimentos que se fizeram presentes durante a construção dessa linha do tempo. Como você se sente agora, depois de se lembrar de tudo isso?

▶ Se pudesse nomear esse período da sua vida, que palavra escolheria? Registre.

▶ Responda às questões a seguir por escrito. Procure responder a cada pergunta o mais profundamente que puder (responda sem querer se livrar do assunto, permitindo-se sentir e se emocionar consigo mesmo).

- O que você fez para salvar a sua vida? (Quais comportamentos emocionais adotou?)
  - Quais sentimentos despertaram em você a necessidade de se salvar?
  - O que você via no seu entorno que provocava a necessidade de se salvar?
  - Se você era capaz de ver e de sentir as precariedades familiares, qual era o seu dom? (Quais capacidades você tinha que lhe permitiram essas percepções?)
  - O que você fez do seu dom? (Ele está presente hoje em sua vida ou você se desligou dele, renunciou a ele? Ele se transformou em algo, evoluiu de alguma forma?)

- Depois de responder às questões, respire e relaxe por alguns minutos.

- Feche os olhos e abrace uma almofada ou algo que seja macio. Você sentirá como se abraçasse essa parte ferida da sua alma, que passou vinte e um anos tentando sobreviver. Agora, pode descansar em seus braços e confiar nos seus cuidados.

▶ Se puder, diga a si mesmo o quanto você foi forte e o quanto valeu a pena chegar vivo até este momento. E que, justamente por tudo o que viveu, você seguirá mais inteiro daqui para a frente. Pense que agora você vai cuidar do que lhe diz respeito e deixar com os outros o que cabe a eles, com muito amor. Respire, descanse por uns minutos e abra os olhos devagar.

▶ Olhe para a sua linha do tempo e observe como se sente agora. Você tem vontade de mudar a palavra que havia escolhido no início do exercício para nomear esse período da sua vida ou deseja mantê-la?

▶ Agora, faça uma pequena oração em agradecimento a Deus como exercício de reconexão. Ao atravessar todas as dificuldades até o momento, você também recebeu proteção e cuidado de ordem espiritual, mesmo que não tenha consciência disso. Há ajudas invisíveis que nos mantêm de pé durante as tempestades. Agradecer nos fortalece, porque nos coloca em contato com essas forças.

Para construir o amor-próprio é preciso que cada um carregue o que é necessário e adequado à própria idade física e emocional. À medida que crescemos, novas responsabilidades se apresentam e nos encontram em condições de abraçá-las. É assim que, progressivamente, construímos autoconfiança, autorrespeito, autoestima.

capítulo 10
tempo de silenciar

Filósofos e autores contemporâneos estão denominando a sociedade atual de "sociedade do cansaço" devido ao nosso modo de viver.[88] Dizem eles que vivemos sob o paradigma de que temos um poder ilimitado para ser, basta sermos eficientes, focados, hipermotivados, produtivos. Quem estiver fora desses parâmetros, fica sem um lugar no mundo. Nesta forma de pensar e viver, não há tempo para descansar, para sermos naturais, para criarmos um ritmo próprio de viver, porque temos de produzir para sermos prósperos financeiramente.

---

88. Se quiser aprofundar esse entendimento, consulte o livro *Sociedade do cansaço*, de Byung-Chul Han [Trad. Enio Paulo Giachini. Petrópolis, RJ: Vozes, 2015].

Estas são as palavras que aparecem com mais frequência nos nossos discursos: "estamos cansados". Segundo os autores, nós já acordamos cansados, porque temos a sempre presente sensação de que estamos devendo ações para o dia. Na verdade, isso já é feito para que seja assim, porque quanto mais cansados estivermos, mais iremos querer consumir e fazer coisas a curto prazo. Quanto mais cansados, mais queremos investir em prazer, sem nos importarmos com custo, porque não há tempo para pensar antes de decidir sobre consumo. Todos os nossos equipamentos eletrônicos já "conhecem" nossos principais interesses e nos oferecem tudo o que podem de compensações para nos tirar do cansaço. Só que isso se transforma em um ciclo: ao mesmo tempo que buscamos o prazer para nos tirar do cansaço, executar esse projeto nos esgota, porque precisamos trabalhar mais para poder suprir justamente o que pretensamente nos livraria do cansaço.

Vivemos uma vida que fabrica cansaço, e então compramos vitaminas e fazemos tratamentos médicos, pois achamos que essa é a solução para sair da exaustão. Se nos falta energia, logo pensamos que temos algum problema, alguma doença, ou que o problema deve ser hormonal, ou então que deve ser a idade... E consumimos medicamentos, tratamentos e lazer, e esse movimento se torna infinito.

Os Espíritos dizem que, se pudéssemos categorizar os males da vida, eles seriam de duas formas:

> […] uma constituída dos que o homem não pode evitar e a outra das tribulações de que ele se constituiu a causa primária, pela sua incúria ou por seus excessos, ver-se-á que a segunda, em quantidade, excede de muito à primeira. Faz-se, portanto, evidente que o homem é o autor da maior parte das suas aflições, às quais se pouparia, se sempre obrasse com sabedoria e prudência.[89]

Essa visão espiritual confirma que nosso sofrimento decorre de excessos que concordamos em manter em nossas vidas. A questão é que temos pouca percepção de que esse mal-estar é fabricado. Isso não é de ordem individual, ocorre com todos nós. Mas somos responsáveis em não reagirmos a essas demandas que nem são nossas. Ficamos cansados porque estamos presos à ideia de que precisamos ter um excelente desempenho em seja lá o que for a que nos dedicamos. Nosso valor pessoal é medido por quão competentemente desempenhamos os nossos papéis. Dessa forma, não podemos ser medianos, comuns. Só somos aplaudidos se somos excelentes, se

---

89. Allan Kardec. *O Evangelho segundo o espiritismo.* Trad. Guillon Ribeiro. 120. ed. Brasília: FEB, 2022. [cap. XXVII, item 12]

fazemos a diferença, se nos destacamos mais do que os outros no menor tempo possível. Muitos sofrem porque seu desempenho não é o melhor. E essa ideia é forjada com a finalidade de sempre nos fazer sentir menor em relação a alguém que desempenhe muito bem o seu papel, seja o de pai, o de mãe, o de profissional. Temos um "medidor" que nos vigia constantemente: as mídias sociais, que fabricam pressão para sermos algo que nenhum humano é capaz de ser.

Outro dia vi um pequeno vídeo no Instagram em que um homem dizia que ser um bom pai não bastava, que ser pai implicava ser bom homem para a esposa, ser bom filho para os pais etc. Pensei: "Minha nossa, que peso!" O dia que conseguirmos ser bons em tudo já seremos habitantes dos mundos felizes. Uma coisa é procurar cuidar do nosso modo de ser para que, cada vez mais, sejamos melhores; isso é um processo para a vida inteira. Outra coisa bem diferente é essa pressão, essa ideia de que existe um paizão por aí que também é bom filho, bom marido, bom profissional... Tão bom que, é claro, ele é muito melhor do que nós somos.

Não temos um lugar de calma, de reflexão e de serenidade porque estamos sempre precisando ser alguém que não somos. Nos julgamos internamente por não sermos o suficiente, mas algo dá a impressão de que, um dia, seremos. Só que esse dia não pode chegar, porque a lei do consumo funciona de tal jeito que, quando estamos quase conseguindo o que queríamos, já inventam um outro jeito, aquele que não somos e que fica à nossa espera; cria-se um outro objeto que não temos, mas que "deveríamos" ter. As mídias ditam o "jeito certo" de sermos, o "corpo certo" que devemos ter e a "vida certa" que devemos viver. Dita o comportamento que precisamos adotar para sermos reconhecidos, pois só assim teremos espaço no mundo. É daí que provém todo o cansaço e é assim que se produzem efeitos colaterais importantes: indivíduos deprimidos e jovens que não querem encarar a vida adulta, pois ela é exaustiva. A vida adulta é infeliz: quantos jovens, quando olham para os pais, desejam não ter a mesma vida que eles? Uma vida de poucas alegrias ou de alegrias que são muito caras para alcançar? Há jovens que estabelecem um prazo para passar em um concurso, por exemplo. Há uma pressa, um desespero no viver, uma ideia de que tudo tem que dar certo na vida. Sem falar nos jovens que vivem o vestibular como verdadeiros maratonistas, porque eles têm que acertar, porque eles têm que escolher uma profissão que gere recursos a fim de serem bem-sucedidos na vida.

No item 922, Kardec pergunta sobre a felicidade de um modo interessante: já que a felicidade terrestre é relativa, há algo em comum a todos nós que nos traz felicidade? Os Espíritos respondem que sim, e um dos elementos citados, de âmbito material, é a *posse do necessário*.[90] Esse elemento nos leva a refletir sobre o que é necessário para nós. É um tema difícil porque, diante

---

90. No âmbito espiritual temos dois critérios: a *consciência tranquila* e a *fé no futuro*. (Allan Kardec. *O livro*

de tantos avanços de toda ordem, criamos "necessidades que não são reais",[91] o que faz com que tenhamos dificuldade em estabelecer o limite entre o necessário e o supérfluo. Kardec também estava atento a isso e fez o seguinte comentário no capítulo sobre a lei de conservação: "Nada tem de absoluto o limite entre o necessário e o supérfluo. [...] Tudo é relativo, cabendo à razão regrar as coisas."[92] Fica claro que, à medida que amadurecemos, esse limite vai se definindo cada vez mais porque, nos dirigindo ao essencial, podemos renunciar a antigas escolhas, que se tornam agora supérfluas diante do que temos a conquistar.

Olhando para nossa vida hoje, o que de verdade é essencial para nós? Se seguirmos os parâmetros da sociedade do cansaço, ficamos sem saídas.

Para que possamos nos sentir felizes com a pessoa que somos e não com aquela que dizem que deveríamos ser, podemos pensar um pouco mais. Quais posses são necessárias para que nossa vida possa fluir?

---

dos Espíritos. Trad. Guillon Ribeiro. 93. ed. Brasília: FEB, 2022. [item 922])

91. Allan Kardec. *O livro dos Espíritos*. Trad. Guillon Ribeiro. 93. ed. Brasília: FEB, 2022. [item 716]

92. *Ibidem*. [item 717]

Pensando no lugar em que nascemos, temos nosso planejamento reencarnatório, em que podemos escolher qual rota seguir; comumente, escolhemos a mais curta com o objetivo único de crescermos e nos desenvolvermos.

Há três eixos que compõem esse planejamento: o das provas, o das expiações e o da missão de deixar um legado para as pessoas com quem convivemos.[93] Nossa existência tem um compromisso para com os outros também, ela não é somente sobre nós. Qual é a área da nossa rota em que acontece a expiação, seja no trabalho, seja nos relacionamentos afetivos? Quais provas acontecem nessa área e que tipo de aquisição moral somos convidados a conquistar dentro dela?

Quando reencarnamos, nascemos no lugar certo, somos filhos dos pais necessários e temos os irmãos necessários. O lugar em que nascemos primeiramente é biológico, mas, ao longo do tempo, precisamos transformar esse lugar biológico e consanguíneo em um lugar espiritual. Quero dizer com isso que olhar nosso lugar no mundo como sendo um lugar espiritual muda muito a nossa maneira de lidar com as pessoas e com tudo o mais. Poder nos ver como aprendizes e entender tudo o que nos acontece como possibilidades de crescimento nos retira de qualquer tentativa de vitimização. Somos criadores do nosso destino.

---

93. Ver o capítulo 2 deste livro, "As dores da alma e o sofrimento".

Quando os Espíritos dizem que precisamos vencer o arrastamento das más paixões,[94] eles querem dizer que sentiremos o arrastamento e levaremos um certo tempo para dizermos não a esse arrasto. Quanto mais dissermos não e resistirmos, melhor será para nós. Quanto mais cedermos, maior será o nível de sofrimento. O tempo que levamos para transformar esse lugar consanguíneo em um lugar espiritual, emocional, saudável, é todo o nosso trabalho de desenvolvimento moral. Enquanto não conseguirmos fazer isso, não estaremos no exercício pleno da nossa reencarnação. Assim, nesta fase evolutiva que estamos vivendo, em grande parte do tempo estamos lidando com a arrumação e com a estrutura do nosso lugar no mundo. A infância e a adolescência são momentos de excelência para que possamos construir o nosso chão, a raiz nesta reencarnação. E para que possamos curar relacionamentos lesivos, reencarnamos em lugares diferentes em nossas famílias. Emmanuel

---

94. Allan Kardec. *O livro dos Espíritos*. Trad. Guillon Ribeiro. 93. ed. Brasília: FEB, 2022. [itens 893 e 907 a 911]

afirma no livro *Vida e sexo*[95] que passamos por algo semelhante a uma "cirurgia psíquica" para construirmos relacionamentos mais saudáveis dessa vez, habitando lugares diferentes em uma mesma família. Fica claro, então, que não nascemos para produzir, para apresentar resultados de excelência material. A reencarnação é uma oportunidade de reajuste, de construção de felicidade, de conquista de consciência e de liberdade.

Portanto, a proposta divina é que reencarnemos em relacionamentos com oportunidades de libertação para nós. Para que isso aconteça, temos que ocupar nosso lugar biológico na família em que nascemos. Precisamos respeitar os lugares em que Deus nos coloca. É verdade que na convivência somos chamados a ocupar muitas posições, pois cada parente nosso vai requerer de nós a atuação em um papel diferente: de protetor, juiz, provedor, salvador etc. Cabe a nós, com a liberdade que temos, sabermos nos posicionar para além das carências de nossos entes queridos, quais os devidos "nãos" e os devidos "sins" que precisaremos sustentar para que possamos permanecer no lugar em que Deus nos colocou. Precisamos começar a diferenciar o que é expectativa externa do que é o nosso projeto reencarnatório.

---

95. Emmanuel [Espírito], Francisco C. Xavier. *Vida e sexo*. 27. ed. Brasília: FEB, 2018. [cap. 15, p. 59]

Então, essa pressão do mundo contemporâneo, da "sociedade do cansaço", de que precisamos ser perfeitos requer de nós uma grande dose de resistência. Não viemos para ser perfeitos aqui na Terra, viemos para aprender e conseguir ser inteiros na nossa vida presente rumo ao aperfeiçoamento espiritual, o que é bem diferente. A pergunta que precisamos nos fazer não diz respeito à perfeição e, sim, ao nosso modo de viver: "Se desencarnássemos hoje, já teríamos feito nosso dever de casa?" Se a resposta for não, o que ainda nos falta para atingirmos uma vida plena? A importância de responder a essa questão está em refletir para evitar ficarmos distraídos nas pressões do viver, que são inúmeras e inacabáveis.

Pensando nisso, muitas tradições estudam e nos ajudam a pensar em como podemos sair do tumulto que é o mundo das provas e expiações. É preciso cair em si mesmo, ou seja, tomar consciência de si, o que não é tarefa fácil, pois, para sairmos do tumulto, é preciso que primeiro nos *entediemos* dessa confusão, que nos cansemos de não sermos nós mesmos. É preciso sentir saudade de quem já fomos e nos dirigirmos à conquista do amor-próprio, do amor ao próximo e a Deus. Para isso, devemos nos desvincular dos inúmeros pactos afetivos não falados que temos com nossa família. Cada um pode viver sua própria vida, em comunhão com os outros, sem precisar salvar ninguém. Deus nos fez interdependentes, vulneráveis, mas não dependentes. É verdade que precisamos uns dos outros para sobreviver, mas isso é diferente de renunciar às nossas vidas para cuidarmos dos outros.

Voltando agora para o nosso cansaço: o espiritismo nos oferece uma boa saída para vivermos nosso tempo atual, de excessos. Ele não promove a alienação desse mundo, até porque isso seria contrário à finalidade da reencarnação, em que precisamos da vida material para crescermos. Como viver no mundo sem ser do mundo, então? Cuidando de nós mesmos e estando atentos ao mundo sem nos esquecermos de que somos Espíritos. Podemos, assim, sustentar nosso equilíbrio por meio de práticas espirituais diárias. A oração meditativa é a mais poderosa que conhecemos, e podemos fazer uso dela sem contraindicações.

Existem várias práticas meditativas e todas elas são uteis. Para este livro, escolhi o Método Orante, que muito pode auxiliar aquele que sente cansaço frequente ou todo aquele que busca um caminho de saúde para sua vida.

O Método Orante

O Método Orante é um método antigo dos franciscanos que foi escrito e divulgado por Francisco de Osuna[96] em 1527, na Espanha. A intenção do sacerdote era "tornar o exercício da contemplação acessível para todos".[97] Para Osuna, a arte de orar é a arte de amar, porque contemplar é algo que se encontra na "escola do coração". É, então, um método do amor silencioso. Consiste em fazer três silêncios.

O primeiro silêncio

Para orar com o coração, devemos escolher um assunto pessoal, um tema do qual necessitamos nos curar e que requeira ajuda espiritual. Esse método requer a escolha de um local e de um momento separados das atividades cotidianas para ser realizado. Jesus já nos deu essa orientação, mas com um detalhe importante: não é preciso usarmos muitas palavras, porque a forma não tem importância alguma. O essencial para orarmos é a conexão espiritual, de tal modo que seja uma conversa particular com Deus:

---

96. Francisco de Osuna. *Terceiro abecedário da vida espiritual.* Goiânia: FFB, 2016. [Introdução]
97. *Ibidem.* [p. 10]

Tu, porém, quando orares, entra no teu quarto interno e, tendo fechado a porta, ora ao teu Pai em segredo e teu Pai, que vê no segredo, te recompensará. Orando, porém, não useis de vãs repetições como os gentios, pois pensam que com palavreado excessivo serão atendidos. Assim, não vos assemelheis a eles, pois vosso Pai sabe do que tendes necessidade, antes de pedirdes a ele.[98]

Nesse primeiro momento, sozinhos, é importante que tudo se emudeça do lado de fora, e que nosso coração "não se perturbe pelos desejos".[99] Os interesses por tudo o que é visível devem cessar, e fecharmos os olhos se torna algo natural, para que possamos ver o essencial.

O segundo silêncio

Esse é o silêncio interno. Agora, temos que silenciar os pensamentos, entrar em repouso e nos sentirmos entregues a Deus. É o momento de um encontro mais profundo, em que poderemos acessar uma camada mais interna do assunto que escolhemos curar.

---

98. *Mateus, 6:6–8. O novo testamento.* Trad. Haroldo Dutra Dias. Brasília: FEB, 2013.

99. Francisco de Osuna. *Terceiro abecedário da vida espiritual.* Goiânia: FFB, 2016. [p. 30]

Os ruídos mais altos que precisam ser emudecidos nessa etapa são os pensamentos de julgamento. O "ruído interno" é algo tão comum que acaba se tornando um hábito. Torna-se um vício de autodefesa que nos impede de ouvir o que é necessário.

Osuna diz que esse tipo de silêncio "é um ato de ouvir, porque não somente cala sua boca, e, sim, faz calar tudo em si".[100] Significa que estamos atentos e suficientemente abertos para nos ouvir em profundidade e sem julgamentos.

Como orantes contemplativos, com julgamentos silenciados e profundamente conectados com nosso assunto em questão, podemos nos observar de maneira que nossos sentimentos genuínos terão sua vez.

Chega, então, o momento de nos enlutarmos. O momento de chorarmos por nós mesmos, por tudo aquilo que não aconteceu como gostaríamos, pelos sonhos mortos, pela falta de força para caminharmos, pelos atalhos que tomamos e que nos afastaram de nosso caminho, e assim por diante. É um momento precioso de autocompaixão, que se diferencia bastante da autopiedade que paralisa e enfraquece.

Nessa sintonia, podemos perceber imagens, sons, frases, cenas, diálogos. Devemos apenas acolher.

---

100. *Ibidem.*

O terceiro silêncio

O terceiro ruído que devemos silenciar é aquele que acontece entre nós e Deus. Como nos recomenda o benfeitor Emmanuel: "[...] não permitas que a dúvida se interponha, como sombra, entre a tua necessidade e o poder do Senhor."[101] Quando oramos, toda dúvida precisa ser silenciada.

Termos dúvidas antes de tomar decisões importantes faz sentido, pois elas funcionam como uma reflexão que nos ajuda a evitar impulsividades. Mas a dúvida que nos afasta, que nos deixa com o coração seco, que nos aprisiona na mente, que quer comprovações concretas da ação divina, não nos ajuda. Pelo contrário, ela cria imensos ruídos, e são eles que precisamos intencionalmente silenciar: "Será que prece funciona mesmo? Será que Deus existe e vai atender alguém tão pequeno como eu?" Esse é o momento de não permitirmos a progressão dessas dúvidas e respondermos rapidamente a todas essas perguntas com: "Sim, Deus atende aos meus pedidos sinceros." Não como gostaríamos, mas como precisamos. É aí que poderemos pedir exatamente o que precisamos nesse instante. Quanto mais precisão no pedido, melhor para nós, porque significa também que temos já alguma clareza sobre o que necessitamos. É preciso que tenhamos uma conexão com nosso eu verdadeiro, pequeno como criatura, mas simples e sincero.

---

101. Emmanuel [Espírito], Francisco C. Xavier. *Fonte viva.* 37. ed. Brasília: FEB, 2013. [cap. 165, p. 469]

Conectados com nossos sentimentos, ficamos abertos, disponíveis para receber a ajuda necessária. Deus atende nossos pedidos por meio dos Espíritos bons que "nos inspiram ideias sãs",[102] e é desse modo que podemos, de verdade, agradecer à vida tal como ela é.

Toda essa conversa serve para que possamos nos convencer de que, sem desacelerarmos, não teremos condições de irmos longe. Precisamos silenciar à moda dos franciscanos; por exemplo, fazer silêncio em várias instâncias para nos conectarmos com o melhor que Deus nos deu, que é esse coração ativo que tende para o progresso e que todos nós temos.

---

102. Allan Kardec. *O Evangelho segundo o espiritismo.* Trad. Guillon Ribeiro. 120. ed. Brasília: FEB, 2022. [cap. XXVII, item 11]

Exercício sugerido
aprendendo a dizer sim à vida

► No desenho da borboleta a seguir, escreva nos espaços marcados os acontecimentos da sua vida, mas sem julgamentos.

► É importante escrever o que aconteceu, *e não a versão da sua família* ou uma versão que você ouviu de alguém.

► Procure registrar a essência dos acontecimentos, pois todos eles fazem parte de você. Dizer sim à sua vida é integrar, acolher, amar tudo o que lhe aconteceu e fez com que você se tornasse quem é hoje.

- Coloque a borboleta sobre a mesa e apoie uma mão sobre cada asa. Feche os olhos, respire profundamente e fale em voz alta: "Agora, já posso olhar melhor para tudo o que me aconteceu. Já posso ver luz na sombra. Tudo isso aqui sou eu também."

- Leve as duas mãos ao coração, simbolizando uma integração em sua alma. É como dizer sim para si mesmo sem excluir nada. Verifique se sente a abertura de um espaço ou a chegada de alívio, de mais "ar" para você.

Esse exercício nos mostra uma forma de obtermos energia positiva para seguir, abrindo mão de qualquer energia contrária ou de oposição ao viver.

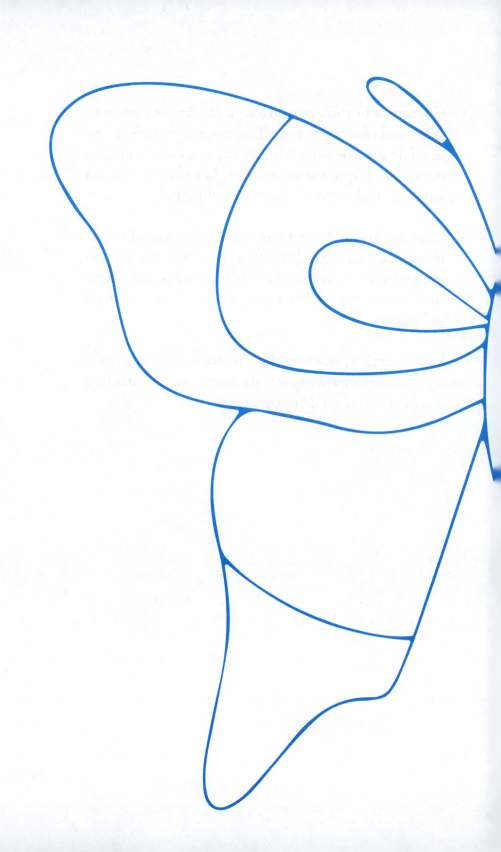

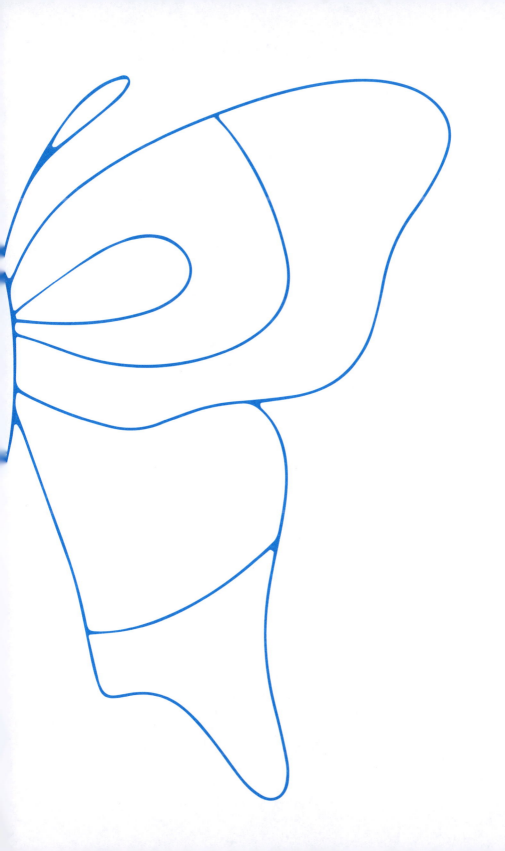

Como viver no mundo sem ser do mundo? Cuidando de nós mesmos e estando atentos ao mundo sem nos esquecermos de que somos Espíritos. Podemos, assim, sustentar nosso equilíbrio por meio de práticas espirituais diárias. A oração meditativa é a mais poderosa que conhecemos, e podemos fazer uso dela sem contraindicações.

Sem desacelerarmos, não teremos condições de irmos longe. Precisamos fazer silêncio em várias instâncias para nos conectarmos com o melhor que Deus nos deu, que é esse coração ativo que tende para o progresso e que todos nós temos.

conclusão

Um livro nunca acaba.
Ele continua no pensamento, dá caminhos para novas ideias, chega nas mãos de outras pessoas...

De qualquer forma, antes deste nosso ponto-final, quero acrescentar uma última reflexão para os peregrinos que já despertaram e estão no processo de se levantar e seguir em frente.

Quando enfrentamos dores intensas e nos sentimos "atropelados" por situações que ocorrem em um momento inesperado de nossas vidas, um desequilíbrio nos acontece. Para compensar tanta dor sentida, tomamos uma decisão interna tendo pouca consciência dela. Essa decisão "automática" é um jeito de sentirmos um pouco de alívio. É nesse ponto que nos autorizamos a não ser, a não ter ou a não fazer algo que, antes da crise, jamais escolheríamos. É uma espécie de frase interna que alimenta o nosso novo jeito de ser depois do acontecido. Por exemplo: diante de uma demissão-surpresa, "eu me autorizo a não ser mais tão responsável profissionalmente". Essa ordem interior passa a sustentar nossas ações, e nos tornamos menos dedicados, já não atentamos à pontualidade como antes e nos tornamos procrastinadores, desatentos. E, de certo modo, ficamos de olhos fechados para esse novo movimento, justificando-os mentalmente o tempo todo ("Para que ser tão certinho? Ninguém é certinho mesmo…"). O que desejo salientar aqui é que essa decisão interna se opõe àquilo que seria o nosso mais sagrado valor. No exemplo citado, a responsabilidade profissional era algo essencial, mas, depois do "acontecido", torna-se completamente sem valor.

Diante desse entendimento, seria importante retomarmos um momento de nossas vidas em que sentimos uma dor intensa e nos perguntarmos: "Diante de tanta dor, me autorizei a fazer/pensar/sentir o quê? Ainda quero manter essa autorização? Essa ação me amplia ou me restringe?".

Pode ser que nos aconteça o oposto: que nos sintamos culpados por termos provocado dor a alguém. Nesse caso, também ocorre um desequilíbrio conosco, só que o movimento se mostra de modo contrário. Para compensarmos tanta dor que causamos ao outro, nos condenamos a ser/ter/fazer algo a alguém, indefinidamente. É que, sem nos darmos conta, a culpa nunca passa, mesmo que ninguém mais fale sobre o assunto. Em nossa alma fica uma ferida aberta, que só alivia quando agimos compensatoriamente. A questão é que a absolvição nunca chega e, portanto, paramos de cogitar que podemos agir de forma diferente. Nesse caso, não se trata mais de uma autorização, e, sim, de uma ordem interna para só dizermos *sim* às necessidades dos outros. E,

mentalmente, juntamos muitas justificativas para isso: "Mas eles precisam muito, como não vou ajudar?"; "Mas o que custa fazer isso?".

Ressalto novamente que são decisões internas tomadas de modo tão rápido e distraído que não temos consciência da força e da presença delas em nossas ações.

Como exemplo desse movimento, imaginemos que um filho tenha se sentido culpado por não ter conseguido salvar a vida de seu pai, e que, a partir desse acontecimento, sua ordem interna passou a ser: "Diante de tanta dor que causei à minha família, a partir de agora pagarei por tudo que ela precisar". O perigo dessa frase interior é que ela fere o tema sagrado desse filho, que é a autonomia financeira que ele conquistou. Mantendo-se preso à frase interior, ele não se sentirá no direito de usar seu dinheiro consigo mesmo, nem de prosperar. E ficará sempre alerta a todas as necessidades da família, com pouca disponibilidade para sua própria vida. Não se trata de negar ajuda à família; a questão é obrigar-se a suprir todas as necessidades dela, sem poder negar nenhuma solicitação. Essa perda de liberdade é própria de corações culpados, que não oferecem chances de remissão.

Em situações assim, para que haja uma mudança na frase interior é necessário responder a perguntas como: "O que me impede de dizer não?"; "Qual dor causei e a quem?"; "O que posso fazer para me perdoar e, assim, me libertar?".

Dessa forma, o convite que tenho para você que já despertou é: levante-se dos movimentos lesivos, paralisantes, que tanto atrasam seu crescimento espiritual. É hora de seguir, mesmo com medo ou alguma insegurança, pois, como Paulo nos incentiva: "[...] tornai a levantar as mãos cansadas e os joelhos desconjuntados e fazei veredas direitas para os vossos pés"![103]

---

103. *Hebreus*, 12:12–13. *O novo testamento*. Trad. João Ferreira de Almeida. 78. ed. São Paulo: SBB, 2008.

O convite que tenho para você que já despertou é: levante-se dos movimentos lesivos, paralisantes, que tanto atrasam seu crescimento espiritual. É hora de seguir, mesmo com medo ou alguma insegurança, pois, como Paulo nos incentiva: "[...] tornai a levantar as mãos cansadas e os joelhos desconjuntados e *fazei veredas direitas para os vossos pés*"!

cam

inha

que c

vida

te enc

ontra

caminha que a vida te encontra

© 2024–2025 by EDITORA INTERVIDAS

InterVidas

DIRETOR GERAL
Ricardo Pinfildi

DIRETOR EDITORIAL
Ary Dourado

CONSELHO EDITORIAL
Ary Dourado, Ricardo Pinfildi, Rubens Silvestre, Thiago Barbosa

DIREITOS AUTORAIS PARCIALMENTE CEDIDOS

Centro Espírita Tarefeiros do Bem
CNPJ 17 027 406/0001-60
Rua Mena Barreto, 110 Botafogo
22 271-100 Rio de Janeiro RJ
21 2148 9982/9987   www.tarefeirosdobem.org.br

DIREITOS DE EDIÇÃO

Editora InterVidas [Organizações Candeia Ltda.]
CNPJ 03 784 317/0001-54   IE 260 136 150 118
Rua Minas Gerais, 1520 Vila Rodrigues
15 801-280 Catanduva SP
17 3524 9801   www.intervidas.com

DADOS INTERNACIONAIS DE CATALOGAÇÃO NA PUBLICAÇÃO
[CIP BRASIL]

C173c

CAMASMIE, Ana Tereza [*1964]
Caminha que a vida te encontra
Ana Tereza Camasmie
Catanduva, SP: InterVidas, 2025

256 pp. ; 15,7 x 22,5 x 1,4 cm ; il.

ISBN 978 85 60960 31 6

1. Espiritismo   2. Psicologia   3. Desenvolvimento
4. Comportamento   5. Evangelho
I. Camasmie, Ana Tereza   II. Título

CDD 133.9   CDU 133.7

ÍNDICE PARA CATÁLOGO SISTEMÁTICO

1. Espiritismo : Psicologia : Desenvolvimento
Comportamento : Evangelho   133.9

EDIÇÕES

1.ª edição • 1.ª tiragem • fevereiro de 2024 • 5 mil exs.

1.ª edição • 2.ª tiragem • fevereiro de 2025 • 2,5 mil exs.

Impresso no Brasil   *Printed in Brazil*   *Presita en Brazilo*

colofão

TÍTULO
Caminha que a vida te encontra

AUTORIA
Ana Tereza Camasmie

EDIÇÃO
1.ª

TIRAGEM
2.ª

EDITORA
InterVidas [Catanduva SP]

ISBN
978 85 60960 31 6

PÁGINAS
256

TAMANHO MIOLO
15,5 x 22,5 cm

TAMANHO CAPA
15,7 x 22,5 x 1,4 cm [orelhas 9 cm]

CAPA
Ary Dourado

REVISÃO
Beatriz Rocha

PROJETO GRÁFICO & DIAGRAMAÇÃO
Ary Dourado

TIPOGRAFIA CAPA
(DS Type) Acta Display
[Medium Italic, Bold Italic]
(Adobe) Arno
[Semibold Italic, Bold Italic]

TIPOGRAFIA TEXTO PRINCIPAL
(Adobe) Arno SmText Regular 14/15,5

TIPOGRAFIA CITAÇÃO
(Adobe) Arno Caption Regular 13/15,5

TIPOGRAFIA TÍTULO
(DS Type) Acta Display Bold Italic
[16, 20, 28, 56]/[15,5; 31; 56]

TIPOGRAFIA INTERTÍTULO
(DS Type) Acta Bold Italic
[12, 14, 16]/15,5

TIPOGRAFIA NOTA DE RODAPÉ
(Adobe) Arno Semibold SmText 13/15,5

TIPOGRAFIA OLHO
(DS Type) Acta Display Bold Italic 18/20

TIPOGRAFIA DADOS
(Adobe) Arno Semibold Caption 9/11

Ótimos livros podem mudar o mundo.
Livros impressos em papel certificado FSC® de fato o mudam.

TIPOGRAFIA COLOFÃO
(Adobe) Arno Semibold Caption 8/10

TIPOGRAFIA FÓLIO
(DS Type) Acta Bold Italic 13/13

MANCHA
103,3 × 162,5 mm 30 linhas [sem fólio]

MARGENS
17,2 : 25 : 34,4 : 37,5 mm
[interna : superior : externa : inferior]

COMPOSIÇÃO
Adobe InDesign 20.1
[macOS Sequoia 15.3]

PAPEL MIOLO
ofsete Sylvamo Chambril Book 75 g/m²

PAPEL CAPA
cartão Ningbo Fold C1S 300 g/m²

CORES MIOLO
2 × 2 cores: Ciano e Preto escala

CORES CAPA
4 × 2 cores: CMYK x Ciano e Preto escala

TINTA MIOLO
Toyo

TINTA CAPA
Toyo UV

PRÉ-IMPRESSÃO CTP
Platesetter Kodak Trendsetter 800 III

PROVAS MIOLO
RICOH Pro C5100s

PROVAS CAPA
Canon IPF 6400

IMPRESSÃO
processo ofsete

IMPRESSÃO MIOLO
Heidelberg Speedmaster SM 102-8

IMPRESSÃO CAPA
Komori Lithrone S29

ACABAMENTO MIOLO
cadernos de 32 pp., costurados e colados

ACABAMENTO CAPA
brochura com orelhas, laminação BOPP
fosco, verniz UV brilho com reserva

PRÉ-IMPRESSOR E IMPRESSOR
Lis Gráfica e Editora [Guarulhos, SP]

TIRAGEM
2,5 mil exemplares

TIRAGEM ACUMULADA
7,5 mil exemplares

PRODUÇÃO
fevereiro de 2025

 intervidas.com   intervidas   editoraintervidas